もくじ

はじめに

学び合いで，
わくわく算数授業づくり

❶ こうすれば学び合いはうまくいく！ …… 6
❷ 学び合い授業を成功に導く，5つの場面でのしかけ …… 8

場面ごとのしかけがひと目でわかる！
学び合い授業の実践事例30

影絵遊びをしよう！	【1年／かたちづくり】	14
つかみどりゲームで数比べをしよう！	【1年／大きい かず】	18
同じ数ずつ分けてみよう！	【1年／おなじ　かずずつ】	22
2つの陣取りゲームで広さの比べ方を考えよう！	【1年／大きさくらべ（2）】	26
数の大きさを比べよう！	【2年／1000までの 数】	30
どんなときに真四角になるのかな？	【2年／三角形と　四角形】	34
いろいろな形を見分けよう！	【2年／三角形と　四角形】	38
$\frac{1}{2}$神経衰弱をしよう！	【2年／分数】	42

トマト算に潜むきまりを発見しよう！	【3年／たし算とひき算の筆算】	46
正三角形ができないのはなぜ？	【3年／三角形】	50
三角形を仲間分けしよう！	【3年／三角形】	54
2つのかけ算の答えが同じになるのはなぜ？	【3年／2けたをかけるかけ算の筆算】	58
かくれたサイコロの目の合計を言い当てよう！	【3年／トピック教材】	62
予言のからくりを見破ろう！	【4年／1けたでわるわり算の筆算】	66
パズルが枠にぴったり入らないのはなぜ？	【4年／面積】	70
面積の求め方を考えよう！	【4年／面積】	74
「ストップ約500」ゲームをしよう！	【4年／がい数とその計算】	78
あみだくじのきまりをみつけよう！	【4年／変わり方】	82
「おかしの箱 DE くじ引き」で当たりの理由を考えよう！	【4年／直方体と立方体】	86
はこの形を調べよう！	【4年／直方体と立方体】	90
小数×小数の筆算の仕方を考えよう！	【5年／小数×小数】	94
式からよみ取った求め方の説明を考えよう！	【5年／式と計算】	98
イカイカ数のひき算のきまりを発見しよう！	【5年／整数】	102
ケーキ型の立体は何角柱？	【5年／角柱と円柱】	106
置きかえて考えよう！	【5年／トピック教材】	110
答えが同じになる分数を見つけよう！	【6年／分数の四則計算】	114
目玉型の面積を求めよう！	【6年／円の面積】	118
国旗掲揚台の柱と楼門の高さを比べよう！	【6年／図形の拡大と縮小】	122
橋の渡り方は何通り？	【6年／場合を順序よく整理して】	126
どんな条件があれば答えが求められる？	【6年／トピック教材】	130

第1章

学び合いで，わくわく算数授業づくり

こうすれば学び合いはうまくいく！

❶学級全員に学び合いの心を育てる

　いくら学習形態を整えても，話し合いのシステムづくりを行っても，子ども一人ひとりが学び合うことの大切さを感じていなければ，質の高い，深い学び合いは成立しません。学び合いは「型」ではありません。「みんなと学び合うことで，ぼくも私も成長できている」と，学び合いのよさが実感できる心が基本になります。

　これまで私が学び合いの心を育てるために実践してきたことを振り返ってみます。

　まずは，授業の中で子どもが思わず発するつぶやきや発言を大事にしてきました。また，そのつぶやきや発言に，他の子どもたちが自然にかかわるように仕向けてきました。

　また，発表や説明の中で思わず子どもが使う「例えば…」「だったら…」などの"算数言葉"にも目を向け，それらの言葉の続きをみんなで考えさせるようにしてきました。

　さらに，学び合いでは「わからない」「困った」という素直な発言も大事です。だれかが「わからない」と言った瞬間，自然に周囲の子どもたちの説明が始まります。学び合いにはまわりの子どもたちの友だちの発言や考えを大切にしようとする姿勢こそが大事なのです。

　損得が大事なわけではありませんが，人に何かを教えるという行為は決して損なことではなく，何かを教えれば教えるだけ自分自身も高まり，結果的には得をするということも何かの折りにつけ加えておくことが，今の子どもたちには必要かもしれません。

❷適切なルールを身につけさせる

　学び合いを成立させるには，話の聴き方や話し方，話し合いの仕方など，学び合うための適切なルールを身につけさせることも大切です。

　指導のポイントは，一度に押しつけるのではなく，徐々に浸透させていくということです。例えば，だれかがモデルとなるようなよい聴き方をしていたら，そのときすかさず認め，ほめることから始めてはどうでしょうか。「○○さんの話している人の方に体を向けて聴く姿はすばらしいね」「△△さんみたいにうなずきながら話を聴いてくれると，話す人もとっても話しやすいよね」といった教師の言葉によって，「話し手に体を向けて聴く」「うなずきながら聴く」といったルールを徐々に浸透させていくのです。

　話の聴き方や話し方については，すべての教科を通じてモデルとなる姿を認め，ほめな

がら指導できます。4月，5月の早い段階で身につけさせることができたら，学び合いの第一歩は成功です。

　ペアやグループ，学級全体での話し合いも，同様に，よいモデルがいたらその姿を取り上げながらルールを浸透させていきます。決して急がず，4〜5月くらいのある程度長いスパンで行うのです。

　また，ペア学習やグループ学習の使い分けも大切です。目的に応じて使い分けます。例えば，何かを確認したり，伝達したりするときにはペアの方がスムーズに活動できますが，何かをつくったり測定したりするときにはグループの方が適している場合が多いようです。

❸子どもの反応を，取り上げ・つなぎ・問い返す

　学び合いの主体は子どもですから，子どもの反応は授業の要となります。そして，この子どもの反応を「取り上げ・つなぎ・問い返す」一連の教師の活動が授業の成否を決めるといっても過言ではありません。

　まずは，問題に対する子どもの反応を的確に把握することから「取り上げ」の段階は始まります。私はこれまで子どもの反応を次のような3つに分けてとらえ，どの反応をどのような形で取り上げるか，机間指導を行う中で常に考えてきました。

> ①つまずき，未完成のもの
> ②素朴な考えのもの（解決はできているが数理にまでは至っていないもの）
> ③数理に直結しているもの（数理をとらえているより高い水準の考え）

　スタートの反応とその提示の仕方が決まったら，次に考えるのは，それを「どのようにかかわらせ，つないでいくか」です。それには，「復唱する力」「言い換える力」「質問する力」「付け加える力」「意見する力」「気付く力」「想像する力」「応援する力」という8つの力をはぐくむことが大切になってきます。年間を通じて，焦らず，一人ひとりに育てたい力です。

　そして，学び合いの収束が見えかけてきたとき，再び子どもたちに疑問を投げかける「問い返し」です。私は「問い返し」の多くを発問や指示という形で準備してきました。ただ，準備した発問や指示がいつもそのまま使えるかといったら，そうではありません。授業展開によっては準備していた発問より，その場によりぴったりな発問が生まれてくることもあります。また，この「問い返し」を行ったら，1人で考えさせるのではなく，グループかペアなどの相談ができる学習形態をつくり，話し合いをさせることが有効です。

❷ 学び合い授業を成功に導く，5つの場面でのしかけ

❶「問題提示」場面でのしかけ

　研究授業などを参観していると，問題提示の場面で，教師が問題を噛み砕くようにして子どもに伝える様子を目にすることがあります。このときの教師の思いは「いかに問題内容を子どもたちにしっかり把握させるか」ということであり，ベクトルは常に教師から子どもへと向けられているとも言えます。しかしこれでは，多くの子どもたちが受け身になってしまいます。

　したがって，教師がまず心がけなければならないのは，子どもが問題に働きかける状況をいかにつくるのかということです。問題に働きかけながら内容を理解させ，問題を把握させるのです。

　私はこれまで「あ・い・う・え・お」の聞こえる授業をつくろうと呼びかけてきました。何か気づいたときに発する「あっ」というつぶやき，疑問に感じたときの「えっ」，驚いたときや感動した際の「おー」の反応などは，まさに子どもが問題に働きかけている状況そのものです。子どもたちは教師の発問や問いかけに応え，感じたことをつぶやく中で問題を把握しているのです。

　これらのことを図にまとめると，下のようになります。

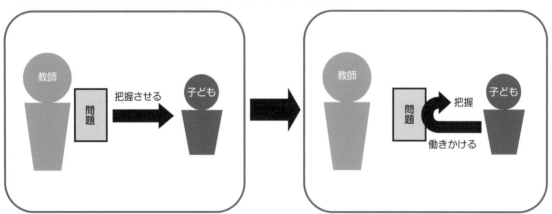

　それでは，子どもが問題に働きかける状況をつくるには，どのような「しかけ」が必要になってくるのでしょうか。

　簡単な表現を使えば，問題自体を「子どもに一方的に与える問題から，子どもから自然に問いを引き出す問題」へとつくり替えるのです。

ちょっとしたことで子どもの問いは誘発されます。これがいわゆる「しかけ」になります。問題のしかけを考えるうえで，私が基本としているのが次の3つの方法です。

●ブラインド　　　　●比較提示　　　●ゲーム化

　「ブラインド」とは，授業のポイントとなる数量や図形などを隠すことです。問題文の一部を□にしたり，図形を箱で隠したり，袋や封筒を使って素材を隠したりします。見えない状態にすることで，子どもの関心や意欲を喚起するのです。

　「比較提示」とは，何かと何かを比較して考えさせることです。「量と測定」の授業でよく使う手法です。例えば，2年の長さの授業で「どちらがどれだけ長いか」，4年面積の授業で「どちらがどれだけ広いか」といったことを考えさせます。もちろん，「量と測定」以外の授業でも，比較することで数理を発見させることはよく行われます。

　「ゲーム化」とは，問題をゲームに変身させることです。ゲーム化することで多くの子どもの意欲は高まり，楽しい活動が保障されます。ただし，そのゲームは学習内容の本質をとらえたものでなければなりません。単に楽しければよい，というものではないのです。また，ゲームは教師にとって思わぬ方向に流れていってしまう場合があるので，常にリスクを意識する必要があります。

　私はこの3つの方法を組み合わせながら，問題づくりや問題提示の「しかけ」を行ってきました。もちろん，このほかにも「しかけ」には様々な方法があります。第2章の実践事例の中から，問題にかかわる「しかけ」だけを拾い出していくのも，楽しい読み方の1つかもしれません。

❷「指名・発表」場面でのしかけ

　学級全体で話し合いを行っているとき，子どものどの反応を取り上げるか。指名・発表でまずポイントになるのはここです。あえてつまずきの反応を取り上げるのか。まず素朴な反応を取り上げ，次により高い考えへと，そして数理に直結した考えへと練り上げていくのか。いきなり数理に直結した反応を取り上げるのか。自力解決時の子どもたちの反応をしっかり把握する中で，学び合いのストーリーを描く力量が求められます。

　子どもの反応をどのような形で取り上げるのかもポイントになります。子どもの反応を発表させる際に，挙手にばかり頼るのは危険です。授業展開が教師の意図する方向から大きく離れてしまう可能性などもあるからです。子どもの反応を重視しつつも，授業展開の構想は必要です。

　指名・発表の際の「しかけ」として私がよく例にとるのが，三角形と四角形の弁別の授

業（2年）です。

　厚紙でつくった三角形や四角形，また三角形や四角形に近い図形を10種類以上，3～4組程度準備します。班の数に応じて，三角形か三角形に近い図形を2個，また四角形か四角形に近い図形を2個，計4個を布袋に入れます。

　「今日はみんなの指先を目にして，布袋の中を見ないで三角形を探してください。順番にさわって三角形がいくつあるか確かめましょう」と投げかけます。

　子どもたちはゲーム感覚で楽しんで三角形探しを始めます。しばらくしてから三角形と思われる図形の数を班ごとに黒板の表に書き込むように促します。

　大半の班が三角形の数を「1」を書き込む中に，ある班が「2」と書き込んだ瞬間，子どもたちの中から驚きの声が上がります。多くの子どもが布袋の中の三角形の数は同じだと思い込んでいたからです。このように，発表の場面でちょっとした「しかけ」を施すだけでも，俄然子どもの問題を追究する意欲は高まります。

❸「話し合い」場面でのしかけ

　質の高い話し合いを行うためにポイントになるのが，「取り上げた子どもの反応をどのようにつないでいくのか」ということです。

　まず，取り上げた第一の反応に子どもたちをどのようにかかわらせるかという点が大事になります。子どもたちの「いいで～す」「同じで～す」という声だけでその反応に対するかかわりが終わってしまっては，質の高い話し合いなど望むべくもありません。

　子どもの反応をうまくつなぐための「しかけ」としては，例えば，教師が子どもの考えを復唱することがあげられます。「今，○○さんが説明してくれたことを，先生がもう一度繰り返して言いますね」と言いながら，黒板にかかれた図や絵を使って確認したり，教具を使って操作したりするのです。

　復唱以外にも，質問を促したり付け加えを求めたりすることもあります。また，賛成や反対などの意見や気づきを求めることもあります。さらに「○○さんの気持ちがわかりますか」などの気持ちを問う発問や「○○さんを応援してくれませんか」などと応援を求める発問も「しかけ」としての大事な方途です。

　質の高い話し合いを行うための2つめのポイントは，「どのタイミングでペア学習やグループ学習を入れるのか」ということです。

　例えば，子どもたちの中から新たな意見を求めたいとき，「これまでに発表してくれた考えに対して何か意見はないかな？　おとなり同士で（班になって）相談してごらん」といったように取り入れることがあります。

　話し合いが分散し，もう少し収束させたいときには「これまで発表してくれた考えの中

で一番確実にできそうなものはどれか，班になって相談してごらん」というように投げかけます。

研究授業などを参観すると，全体での話し合いの前に，お決まりのようにペア学習やグループ学習を取り入れているところをよく見ますが，ペア学習やグループ学習を「型」として用いるのではなく，ねらいや目的に応じて使い分けるべきです。

グループ学習では，話し合ったことをミニボードを使って簡潔にまとめさせるのが有効です。単元によっては教具を使って説明する場合も出てくるでしょう。何事も「見える化」の視点は大切なことです。

❹「板書」場面でのしかけ

ICT機器が重宝されるようになった今日でも，黒板が大事な教具であることには変わりありません。ただし，学び合い授業においては，黒板は教師の説明を書く場所であるだけでなく，子どもが考えを書く場所でもあり，子どもたちが授業をつくり上げるための教具であるとも言えます。

私が初任のころは，算数授業において黒板は，左から右へ，授業展開がわかるように書くという指導を受けました。黒板を3分割し，左に問題や予想，真ん中にめあてや子どもの反応，右にまとめや適用問題を書く，といったことを授業実践の中で身につけていきました。ただこれも，こういった「型」が大事なわけではなく，黒板に「子どもの考えた過程がわかりやすく残っているか」「それぞれの考えに対する教師の評価や価値が残っているか」といったことが重要なわけです。

とはいえ，板書構成は教師の特権です。板書構成を考える中で，それに応じた「しかけ」が生まれてきます。

それぞれの考えの違いを明確にするような板書構成，それぞれの考えの共通点や関連性が見えるようにするような板書構成など，第2章の実践事例の中にも様々な工夫がみられると思います。その中で，黒板上で移動できる画用紙やホワイトボード，小黒板などを活用していますが，裏返したり，隠したり，パッと見せたり…といったちょっとした工夫を組み合わせることで，「しかけ」として大きな効果を発揮します。

その他にも，汎用性の高いマグネットやおはじきなどを活用し，操作活動の再現ができるのも黒板ならではの役割であり，これもしかけの1つと言えるでしょう。

❺「まとめ」場面でのしかけ

　まとめで大事なのは,どのような形で子どもたちとともにこの1時間の振り返りを行うかということです。私が「しかけ」として重視しているのが,収束に向かう子どもたちの思考をいま一度活性化するための「問い返し」の発問です。

　この「問い返し」の発問は授業の展開を想定して事前に準備はしておくものの,話し合いの中で生まれた子どもの問いを用いて問い返すことが理想です。

　また,学び合いの授業でも,教科書を生かしたまとめ方は大事にしたいものです。授業の中で話し合いが盛り上がり,実際に子どもたちの思考が深まったとしても,知識や技能を定着させるためには,最終的に教科書でしっかり確認することが必要です。ただし,教師が教科書を一方的に説明してまとめとするのではなく,例えば,教科書に書かれたキャラクターのふきだしなどについて考えさせ,考えたことをまとめとしてノートに書かせるといった「しかけ」も大事になってきます。

【参考文献】
・宮本博規『問題提示の工夫から話し合いの導き方まですべてわかる！ 算数学び合い授業スタートブック』(明治図書)
・宮本博規『「取り上げ・つなぎ・問い返す」でうまくいく！ 算数学び合い授業ステップアップブック』(明治図書)

第2章

場面ごとのしかけがひと目でわかる！
学び合い授業の実践事例30

1年／かたちづくり
影絵遊びをしよう！

1 授業の概要

　色板を使った影絵遊びを行います。まずは，2枚の色板でできる影絵遊びを行った後，影絵を見せてどんなふうに置いていくのか考えるゲームを行います。子どもたちには，手元で動かせる色板を用意しておきます。色板をどこに置くのかを考えさせる中で，角や辺に着目させ，図形の構成を理解する素地を養います。

2 問題

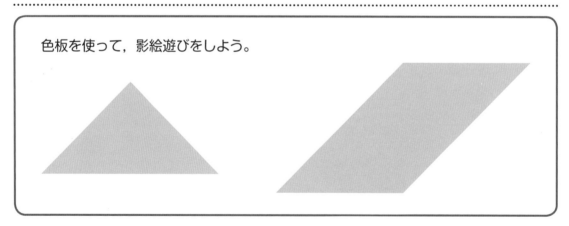

色板を使って，影絵遊びをしよう。

3 授業のねらい

影絵遊びを通して，角や辺に注目して図形の構成を理解する素地を養う。

4 授業展開

❶色板2枚で影絵遊びをする

> **問題提示のしかけ**
>
> 影絵を袋に入れ，ゆっくり出しながら，どんな形なのかや，その構成を想像させる。

T どんな形が出てくるでしょう…。（少しずつ出しながら，構成を想像させる）
C 三角かな？　続きがありそう。
C 出てきたよ。やっぱり三角だ。
T どんな形に見える？　名前をつけてみてください。
C 屋根みたい。山みたいにも見える。
T 山みたいだね。この山は色板何枚でつくれるかな？
C 4枚？　3枚？　あっ，2枚でつくれるよ！
T 2枚でつくれるの？　本当に2枚でつくれるのかなぁ？
C つくれるよ！　ここにね。こう置いてね…。
C （2枚で）できた！　簡単だよ。
T みんなの前でもつくれるかな？
C できる。こことここに置けばいい。

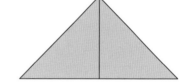

T 次も2枚の影絵です。何が出てくるかな。
C あっ，わかった。箱だ。
C つくれるよ。最初にこう置いて…。
C 違う置き方でもつくれたよ！

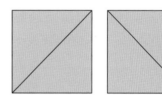

2つの置き方が考えられることを確認します

T 次の形です。2枚でつくれるかな？
　（ゆっくり出す）
C 三角かな？　さっきと同じ。
C 違うよ。反対になってるよ。すべり台？　…エスカレーターだ！
T おもしろいね。エスカレーターはどんなふうに置くのかな？
C 反対にする！
C わかった！　最初はこう置いてね，あとは…こう！
T おもしろい手の動きだね。○○君の気持ちがわかるかな？
C わかる！　こうやってね，こっちは反対でね…。

最後は黒板上の影絵に色板をはめさせ，確認します。

❷色板4枚で影絵遊びをする

　枚数と置き方を同時に考えさせるのではなく，枚数を4枚と限定し，色板の置き方だけを考えさせるようにします。色板の置き方を考える中で，辺や角に注目させたり，4枚の組み合わせの中に，名前をつけた「箱」や「エスカレーター」を見つけたりします。

指名・発表のしかけ

　どこにどう色板を置いていくのか，置き方がわかった子どもに動きで示させることで，全員が発見できる楽しさを味わえるようにする。

T　どう置けばいいのかな？（全体の意識を高めるため子どもを黒板の前に集める）
C　うーん。難しいな。どう置けばいいのかな。
C　わかる。ここに色板が入るよ。
T　すごいね。どこに色板を置いたらいいのか，見える人がいるね。
　　だれか，他の友だちにも色板が見えるようにしてくれないかな？
C　（指で線を入れる）ここに線を引くとね。色板が出てくるよ。
C　あ〜，わかった！
T　実際に線を引けますか？
C　引けます。ここに線を引きます。
T　続きは，どこに線を引くかなぁ…。ちょっとまわりの人と相談！
C　ここでしょ…，ここに斜めに引くでしょ…。
C　あっ，ここに箱があるよ。だから，あそこに線を引けるよ。
　　（先ほどつくった図形を使って説明する子どもがいたら取り上げます）
T　○○君がこの中にさっきの箱が見えるらしいんだけど…，何を言ってるのかな？
C　見える。箱がある。指でできます。ほら，ここに四角があって…。

全員が線を引けると手をあげたら，席に戻して形をつくらせます。

❸角や辺に注目しながら図形の構成を考える

話し合いのしかけ
教師が色板を間違って置こうとすることで，子どもたちから，「かど」「まっすぐの線」などの言葉を引き出す。

T 次の問題はこれです。どこに置くかわかるかな？（子どもたちを黒板の前に集めて）
C うーん，難しいな…。
C あっ，わかった。あそこに1枚置ける！
T ああ，ここ？ こうかな？（少し，斜めにずらして置く）
C ちがーう。ずれてる，ずれてる。
C はみ出てる。まっすぐの線に合わせて。
C けんみたいになっているところも，
　 かどが合ってない。
C ここのかど（右図矢印の場所）に合わせるとわかりやすいよ。
C あっ，わかった。ぼくも置けるぞ。
T どこに置くのか見えた人は後ろ。（集まっている後ろの方に行かせます）
　 見えない人は前に出てきてごらん。見えている人がヒントを出してくれるよ。
C ここに線を引くと…。（指で線を引く）
C あ～，わかった。もう自分で置ける！

5 授業の最終板書

1年／大きい　かず
つかみどりゲームで数比べをしよう！

ペア学習	グループ学習	学級全体での練り上げ

1 授業の概要

　ペットボトルのキャップをダンボールに入れ，キャップのつかみどりゲームを行います。赤キャップを10点，青キャップを1点とし，つかみどりをする2人で点数を競います。数の大きさを比較するときに十の位を見る必要性が生まれます。
　この授業のポイントは，十の位の数字に着目して数比べをすること，十の位の数字が同じ場合は一の位の数字を見ること，という2点を子どもに自分の言葉で語らせることにあります。教師がわざと間違ったり，勝負を途中で止めて，キャップをあと何個とればよいかを予想させたりすることで，子どもの「だってね…」という言葉を引き出していきます。
　ゲームを通して楽しみながら，自然と十の位や一の位に着目して数の大小の比較を行い，位についての基礎的な理解を養うことができる授業です。

2 問題

　つかみどりゲームで，数の大きさを比べましょう。
ゲームのルール
①箱の中から1回片手でキャップをとる。
②青キャップは1個1点とする。
③赤キャップは1個10点とする。
④点数の多い方の勝ち。

3 授業のねらい

つかみどりゲームで得点を比べる活動を通して、100までの数の大小比較の仕方を考え、100までの数の大小を理解する。

4 授業展開

❶つかみどりゲームのルールを確認する

赤キャップが出たら10点、青キャップが出たら1点、などの基本的なゲームのルールを説明し、ペアで確認したらゲーム開始です。

	あか	あお
先生	○○	○○○○○ ○○○○
みんな	○○○○ ○○	

T 最初は先生がとります。
C 青が9個とれた。赤は2個だ。
T 次はみんなの番です。だれか引きたい人？
C 赤が7個出た。
T どっちの勝ちかな？
C みんな！

話し合いのしかけ

わざと教師が間違い、「(キャップをたくさんとっているから)先生の勝ち！」と大げさに宣言することによって、子どもたちが自分たちの勝ちになる理由を進んで話し始めるように仕組む。

T いや、先生の勝ちだよ！ だって、先生は11個もキャップをとったんだよ！
C 違うよ！ 先生の勝ちじゃないよ！
C だって、先生は2つしかない。赤が2個！
T でも、青は9個あるよ。
C 青は1点だよ。赤は10点。
C 先生は赤が2個で20点。みんなは赤が7個だから70点！
C 赤が多い。赤を見ればわかる。
T 10点の赤の数を見ればわかるの？
C そう。

❷ペアになってつかみどりゲームをする
T　今度はペアなって自分たちでゲームをやってみよう。
C　赤が1つしかとれなかった…。
C　赤が3つで30点だから私の勝ちだ！

C　もう一度やりたいな。
C　あれっ，赤が同じ数になったぞ？　どっちの勝ちかな？
C　私の勝ちになるんじゃないかな？
C　どうして？

❸赤が何個出てくればよいかを予想する
　ゲームを続けると10点の赤キャップが同じ数になるペアが必ず出てきます。これまでの経験からすぐに一の位に入る青キャップの数に着目する子どももいれば，戸惑う子どもも出てきます。そこで，教室の中で，赤キャップが同じ数ずつ出てきたら，ゲームをいったん止めて，次のような場合の勝ちの数を予想します。

	あか	あお
Aさん		○○○○○
		5
みんな	○○○○○	○○○○
	5	4

T　教室の中に，こんな数のペアのお友だちがいたんだ。
C　Aさんは青キャップが5個だね。
C　Bさんは青4個で赤5個だ。
C　青キャップはAさんが多いね。
T　Aさんが勝つには，赤キャップを何個とればいいかな？
C　6個，とれば勝てるよ。
C　7個や8個でも勝つね。
C　6個よりたくさんとれば勝てるよ。
C　あっ，5個でもAさんの勝ちだ。

話し合いのしかけ

あえて十の位の数字を予想させることで，「もしも…だったら」「…のときは」という仮定の考えを子どもから引き出す。

T　「赤の数が5個でもAさんの勝ちになる」って言っている人がいますね。どうしてかな？
C　Bさんは赤が5個だから，Aさんは6個とらないといけないんじゃない。
C　もしもAさんが赤を5個とったらね，AさんもBさんも同じ50点だけど，青キャップはAさんが多いよ。
C　あっ，本当だ。青はAさんが多い。赤が同じでも青が多いからAさんの勝ちだ。

最後に必ず，十の位が同じときは一の位の数を見て比べることを確認しておきます。

5 授業の最終板書

（福山　元）

1 授業の概要

　数図ブロックなどの具体物を実際に操作しながら，等分する経験を積んでいくことで，数を多面的にみることができるようにします。例えば，8個のみかんを2人や4人に同じ数ずつ分ける操作を行い，「2人に4個ずつ」「4人に2個ずつ」など，分けられた結果を表していきます。このような活動を通して，8という1つの数を多面的にみることができるようにし，数についての感覚を豊かにします。

　授業のポイントは，4個，8個，12個のみかんを同じ数ずつ分けてきた子どもたちに，「みかんの数が増えると分け方のパターンも増えるのかな？」と問うことです。子どもたちは，「どんどん増えていくのではないか」と予想し，操作活動を行っていきます。段階を踏むことで，子どもたちの「やってみたい」という思いを高めることができます。

2 問題

> みかんを分けよう。（4個の場合，8個の場合，12個の場合）

3 授業のねらい

> 等分する活動を通して，多面的な数の見方を育てる。

4 授業展開

❶4個のみかんを分ける

はじめに4個のみかんを2人に分ける場面に出合わせます。教師がみかんを3個と1個に分けます。

C　2個ずつじゃないとダメだよ。1個の人がかわいそうだよ。

問題提示のしかけ
授業で等分する活動ははじめてだが，教師がみかんをわざと不均等に分けることで，自分たちの経験と重ねながら，自然と同じ数ずつ分けようとする。

❷みかんの数が8個（4個の2つ分）や12個（4個の3つ分）の場合を考える

同じ数ずつに分ける活動の中で，「1人に全部あげる」「1人に1個ずつあげる」の分け方はなしという条件を提示します。子どもたちが実際に操作しながら考えることができるように，似顔絵のかかれたイラストとそのイラストを並べるシート，ブロックを準備します。ブロックを8個出し，何人に分けられるのか操作しながら確認していきます。

T　8個のみかんを，あまりがでないように同じ数ずつ分けられるかな？
C　できる！
T　2人にはできたね。じゃあ，3人はどうかな？
C　あれ？　できない。2個あまるから無理だ。
C　3人はできないけど，4人には分けられるよ。2個ずつ置けた。

実際にブロックを置いていくことで，うまく分けられる場合と分けられない場合を確認することができます。分けられなかった場合は，目の前のブロックを見ながら，1年生なりの言葉で理由を伝えようとします。8個のみかんは，2人のときと4人のとき，2通りの分け方があることを確認します。

話し合いのしかけ
操作をしながら，分けられる場合と分けられない場合に気づき，その理由を自分の言葉で伝える場面をつくる。具体物が目の前にあることで話がしやすくなる。

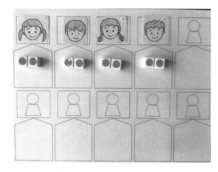
イラストシート

ブロックを操作しながら考えます

T みかんの数を4個の3つ分出してみよう。
C 12個だね。
T 分け方はどうなるかな？ 4個のときは1通り，8個のときは2通りだったね。
C みかんの数が増えたから3通り？
C 8個のときと同じで2通り？

　自分なりの根拠をもち予想をして操作活動に取り組んでいきます。子どもたちは自分の目の前にあるイラストシートとブロックを操作しながら，2人に6個ずつ，3人に4個ずつ，4人に3個ずつ，6人に2個ずつの4通りの分け方があることを確認します。

板書のしかけ

　操作過程で迷いが生じたときの拠りどころとなるよう，子どもたちのもっているイラストシートと同じ物を黒板に掲示する。

前に出て操作活動をします

友だちと確認し合います

❸みかんの数が増えるとどうなるか考える

T もっとみかんの数が増えると，分け方はどうなるかな？
C 分け方も増える。

15個のみかんがあるという設定で，13個，14個，15個のみかんでは，それぞれ分け方のパターンは何通りあるか予想します。

> **板書のしかけ**
>
> 　みかんが4個，8個，12個のとき，それぞれ何通りの分け方があったかを板書に残す。そうすることで，13個，14個，15個とみかんの数が増えると，分け方のパターンは増えるのではないかと思い込ませるしかけになる。

C　13個のときは5通りぐらい？
C　じゃあ，14個のときは6通り？

　数が増えると分け方のパターンも少しずつ増えると予想します。予想を確かめるためブロック操作に取り組みます。

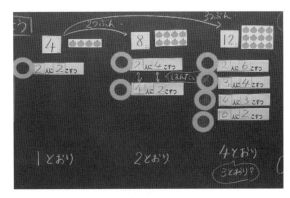
ひと目でわかるようにします

C　13個のみかんは，全然分けられない。
T　14個や15個のみかんはどうかな？
C　14個も15個も2通りの分け方しかない。

❹授業を振り返る
C　数が増えると分け方も増えると思ったのに，12個が4通りで一番多かったから驚いた。
C　うまく分けられるときと分けられないときがあった。

5 授業の最終板書

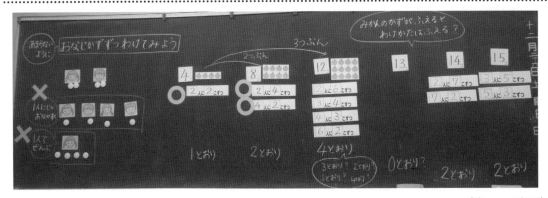

（東　啓子）

1年／大きさくらべ（2）
2つの陣取りゲームで広さの比べ方を考えよう！

ペア学習

グループ学習

学級全体での練り上げ

1 授業の概要

　授業の導入では「広い方が勝ちゲーム」という陣取り遊びを通して，任意単位による測定を最初に学習します。ここではマスに色を塗ることで，広さの概念の理解を促したり，広さも長さやかさのように数で表すことができることを実感させたりすることがねらいです。その後，陣取り遊びでできた図形をもとに直接比較を扱うという流れで授業は展開し，「重ねるとはみ出した方が広い」「角をぴったりくっつける」といった広さの概念や比べ方の工夫を子どもたちから引き出します。次に，重ねるとどちらもはみ出てしまう2つの図形を提示します。ここでは陣取り遊びの活動を想起し，「同じマスのいくつ分」で比べればよいことに主体的に気づかせます。最後に，マスの形がバラバラのワークシートを使った「くじ引き陣取りゲーム」を行い，本時で学習したことを活用することで，子どもたちに「同じマスのいくつ分」で比べるよさについて実感させます。このように，任意単位による測定⇒直接比較⇒任意単位による測定という授業展開を通して，子どもたち自ら任意単位による測定のよさについて気づいていけるようにします。

2 問題

広い方が勝ちゲームをしよう。
①ペアの人とじゃんけんをする。
②勝ったら□を1マスぬる。（★からぬる）
③広い方が勝ち。

あべせんせい
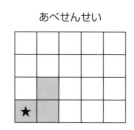

Nさん
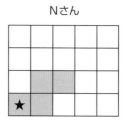

3 授業のねらい

2つの陣取りゲームを通して，広さの概念や様々な測定方法を理解するとともに，任意単位による測定のよさについて主体的に気づくことができるようにする。

4 授業展開

❶ 「広い方が勝ちゲーム」をする

はじめに子どもたちと広さの概念について簡単にやりとりをした後，次のようなルールで「広い方が勝ちゲーム」をします。子どもたちには1枚ずつワークシート（下図）を配付します。

ルール
①ペアの人とじゃんけんをする。
②勝ったら□を1マスぬる。（★からぬる）
③広い方が勝ち。

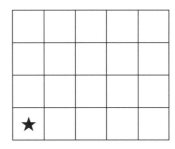

T まず先生とNさんで「広い方が勝ちゲーム」をやってみます。
C 楽しそう！
（教師と代表の子どもがじゃんけんをし，黒板で色をぬっていく。色は★からぬり始め，必ずとなりのマスをぬり進めていく）
T どっちの勝ちかな？ ペアの友だちと話してみよう。

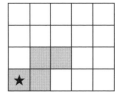

C 先生は3マスでNさんは4マスだから，Nさんの方が1マス分広い。
T 広さは「同じマスのいくつ分」で比べることができるんだね。ではみんなもペアの友だちとゲームをやってみましょう。

第2章　学び合い授業の実践事例30　27

指名・発表のしかけ
子どもたちがゲームをしたワークシートを実物投影機でテレビに映し出し，どちらが広いか発表させる。（勝ち負けがつくものと，形は違うが同じ広さのものを提示）

T　マスの数に目を向けるとどちらが広いかわかったね。それに，形が違ってもマスの数が同じなら広さも同じなんだね。

❷マスのない図形の広さ比べをする

　ここでは重ねて比べる直接比較を体験させたり，重ねても比べられないときは任意単位による測定をすると比べられることに気づかせたりします。

T　他のクラスでも同じゲームをしてみました。色をぬったところを切り抜いてきたので，どっちが広いか考えてみましょう。
T　どっちが広いかな？
C　重ねてみたらわかる。
C　角をしっかり合わせて，はみ出た方が広いことがわかる。
T　じゃあ，これはどうかな？
C　どっちもはみ出る…。
C　はさみがあればできます。
T　どっちもはみ出るときはどうやって比べたらいいか考えてみましょう。
　（全員に２つの図形を配付し，自由に考えさせる）
C　はみ出たところを切って重ねると，濃い色の四角が広い。
C　ぼくは２つの四角をこうやって（右図）置いて考えました。
T　みんな，Ｓさんの気持ち，わかるかな？

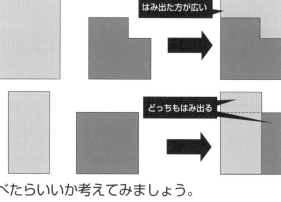

指名・発表のしかけ
「広い方が勝ちゲーム」で使ったワークシート上に２つの図形を置き，任意単位による測定に主体的に気づかせる。

C　わかった！　こうすれば切らなくてもマスの数で比べられる。
C　Ｓさんすごい！

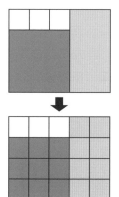

❸ 「広い方が勝ちゲーム（パート2）」をする

　最後にもう一度，次のようなルールで「広い方が勝ちゲーム」をします。子どもたち2人にワークシート（右図）を1枚配付します。ここでは色をぬる部分の広さが番号によって違います。そこで勝敗を考える際，学習したことを活用し，同じマスをワークシート上につくる活動を通して任意単位による測定のよさをさらに実感させます。

ルール
①ペアの人とじゃんけんをする。
②勝っても負けても□を1マスぬる。（ぬる場所はくじ引きで決定）
③広い方が勝ち。

T　最後にもう一度ゲームをします。ルールはほとんど同じですが，次はじゃんけんで勝っても負けても色をぬります。色をぬる場所は先生がくじを引いて決めますよ。
C　じゃんけんぽん！
T　勝った人は…（くじを引く）2番！　負けた人は…（くじを引く）4番！
　　（これを繰り返し，すべてのマスがぬり終わるまで続ける）
T　全部ぬれましたね。ではどっちが勝ったか確かめてみましょう。
C　あれ，同じ？　いや，ぼくの方が広いかな…。
T　困っている人が多いみたいですね。先生が黒板でやったものも6対6で引き分け…。
C　はじめにやったみたいに，こうやって線を引いて同じマスにすると数で比べられるよ。
C　同じマスのいくつ分で比べる考え方は便利だね。

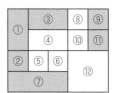

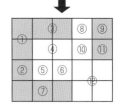

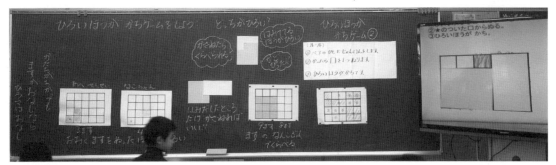

（阿部　一貴）

2年／1000までの 数

数の大きさを比べよう！

1 授業の概要

　運動会の各団（赤，白，青）の点数発表の場面を題材とし，3位数の大小を比較します。実際の運動会でも，点数の発表は一の位から順番に発表することで最後まで見ないと結果がわからないような形をとっています。子どもたちは，自分の団が勝てるかどうかハラハラドキドキです。授業でも，そのハラハラドキドキを再現することで，位の大きい方からめくると早く比較できるということに自然と気づいていけるようにします。

　「なぜその数が出てほしいのか」ということを丁寧に問うことで，なんとなくわかっていることを言葉にして説明させるようにします。このときはじめて子どもたちは論理的に考え始めます。最初は赤団と白団を比べる設定で，教師の方が隠されている点数を一の位から順番にめくっていきます。

　授業のポイントは，「赤団の優勝が決定したのではないか」というところで，「まだ青団もある」という設定です。青団と比べる際には，子どもたちに隠されている点数をめくらせるようにします。実際の子どもたちの経験を生かしながら，対話を大事にした授業にしていくことが大切です。

2 問題

運動会がありました。
優勝したのはどの団でしょう。

3 授業のねらい

数の大小を比較する際，すべての位の数が見える状態ではなく，一の位から順に見せていくことで，何の位に着目すればよいか考えさせる。

4 授業展開

❶運動会の場面をイメージする

運動会の得点発表の場面を紹介します。最初は点数が見えない状態にして，自分の運動会の経験と重ねやすいようにします。

C　ぼくは赤団だったから，赤団に勝ってほしいな。
T　赤団を応援してるんだね。

問題提示のしかけ

問題場面をイメージさせることで，子どもたちの意欲を引き出すことができる。

❷点数を一の位から順番にめくっていく

赤団と白団の点数を一の位から順番にめくっていきます。

C　次（赤団の百の位）が3だったらいいな。
T　どうして3だったらいいの？
C　勝ちたいから。2だったら負ける。
T　白団も百の位が2だから同じじゃない？
C　でも，十の位が白団は8で，赤団は4だから。赤団が負けてるから，同じ2じゃ負ける。
C　1でも負けるよ。
T　じゃあ，3のときだけが勝ちだね。
C　3より大きい数。
C　3，4，5，6，7，8，9はいい。

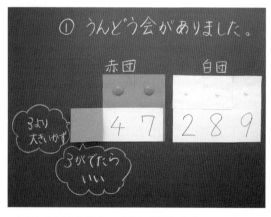

赤団と白団の点数を一の位から順にめくっていきます

白団が289点，赤団が□47点という時点で，□の中に1や2の数が入ると赤団が負けてしまうことに気づかせます。

> **問題提示のしかけ**
>
> 　点数をいっぺんに見せるのではなく，一の位から順番にめくっていくことで，次に何の数が出てきたら点数が高くなるのかを位に注目して考えさせる。

T　何の数が出てくるかな？　じゃあ，めくってみるよ。
C　やったあ，3だ！　赤団の優勝。

❸どの位からめくっていくか考える
T　実は…，赤団・白団だけでなく，青団もあるんだ。
　　だから，赤団の優勝はまだ決まってないよ。
C　えー！　早くめくってください。
T　赤団と白団は先生がめくったから，青団はめくっていいよ。
C　じゃあ，百の位からめくっていいですか？
T　えっ，なんで百の位からめくるの？　先生は一の位からめくったよ。
C　だって，百の位から比べた方が早いもん。
T　何が早いの？
C　一の位から見ても，百の位まで見ないとわかんないから。

一の位より百の位から比べた方がいいことに気づきます

C　百の位を比べて，どっちかが大きかったら，すぐにわかる。
T　じゃあ，めくってみてごらん。
C　3だ。まだわかんない。
T　何がわかんないの？
C　赤団の百の位も3だから，まだどっちが大きいかわからない。
C　十の位をめくっていいですか？
T　次は十の位なんだ。
C　うん，だって一の位を比べても，十の位もめくらないとわかんないから。

だったら，十の位からめくった方がいい。
C 十の位が違ったら，どっちが大きいかわかるよ。

話し合いのしかけ

青団の点数は子どもたちにめくらせる。なぜその位からめくるのかを丁寧に問うことで，なんとなくしようとしていたことを自分の言葉で説明しなくてはいけない状況をつくる。

T めくってごらん。
C あっ，5だ。青団の優勝です。
T えっ，全部めくってないよ？
C 一の位はめくらなくていい。
C だって，一の位に何が出ても，もう青団の方は三百五十何とかになるから，赤団に勝ったよ。

❹振り返りを行う
T 先生のめくり方と違ったね。
C どっちが大きいか比べるときは，大きい方から比べるとすぐわかるから。
T 大きい方って？
C 位が大きい方。
T 青団が優勝したけど，青団の点数わかってないままだよ。
C 全部見なくても，位の大きい方から見ていくと比べられる。

5 授業の最終板書

（東　啓子）

2年／三角形と 四角形
どんなときに真四角になるのかな？

1 授業の概要

　まず，いくつかの四角形の中から真四角はどれかを問い，真四角のとらえが全員同じであることを確認します。子どもたちは「真四角は折り紙と同じ形」「正方形だよ」などと反応します。次に，ジオボードのように5×5で25個の格子点があるシートを活用しながら，真四角づくりをすることを伝えます。具体的には，1本の直線から残りの線をかいて，正立した真四角（正方形）をつくる活動です。ここで，真四角は「辺の長さが全部同じ」という子どもの今の考えを出し，「斜めの線でも真四角はかけるのかな？」と投げかけ，子どもの素朴な概念にゆさぶりをかけます。すると，辺の長さだけに意識が向き，ひし形をかく子どもが出てきて，「どうもうまくいかない」「何かおかしいぞ」という状況が生まれてきます。このような疑問を取り上げ，「辺を同じ長さにすれば，真四角はかけるのだろうか」という課題を設定し，話し合いを促していきます。

　問題解決に向けて，角度に焦点化しながら具体物を用いることにより，真四角（正方形）はかどが直角になっていることに気づかせていきます。正方形の構成要素の1つである直角を見つけ出すことで，子ども自らが正方形とは，「4つのかどが直角で，辺の長さが全部同じになっている四角形」であるという概念を獲得させていきます。

2 問題

残りの辺を点で結び，真四角をかこう。
斜めの線でも真四角はかけるでしょうか。

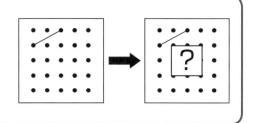

3 授業のねらい

斜めの線から真四角をかかせる場を設定し，辺の長さと角度に着目しながら，正方形の定義をとらえさせる。

4 授業展開

❶ひし形が真四角かどうか議論する

　導入では，1本の直線から残りの線をかいて，正立した真四角（正方形）をつくる活動を行います。ここで，真四角は「辺の長さが全部同じ」という子どもの今の考えが出てきます。次に，「斜めの線でも真四角はかけるのかな？」と問うと，ほとんどの子どもが，「できる」「ダイヤモンドにすればいい」という反応を示しながらかき始めました。その後，Aさんが「みんなが『ダイヤモンド』っていうけど，どうやってかけばいいのかわからない」と語ります。この「ダイヤモンド」という言葉を取り上げることで，子どもの素朴な概念を全体で共有することができると考えました。そこで，ひし形をかいたBさんを指名し，実物投影機を使って説明を促しました。

C　私はできたよ。（右のひし形を見せる）
C　それはダイヤモンドになっているけど，真四角ではないよ。
C　えっ？

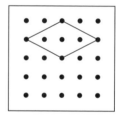

問題提示のしかけ

既有知識や生活経験からくる素朴な概念を表出させ，子どもの考えにズレを生む。

指名・発表のしかけ

実物投影機を使って説明するように促す。

C　私は真四角だと思う。（指で辺をなぞりながら）これが全部同じ長さだと思うから。
T　本当に全部同じ長さなの？
C　定規で測ってみたらどうですか？
　　（Bさんが実物投影機のところに出てきて長さを測り始める）

C 同じ長さだ。だから，真四角。
C 同じ長さになっているけど，ダメ！
C 同じだけど，真四角とは違う。
C 長さは同じだけど，真四角ではない。斜めから見たらわかる。

　辺の長さが全部同じだから，真四角だと主張する子どもがいます。それに対し，真四角ではないと返す子どもたちがいますが，その明確な理由を答えることができません。
　ここで，辺の長さが同じだけでは真四角とは言えないという子どもの真四角に対するとらえを取り上げ，「辺を同じ長さにすれば，真四角はかけるのだろうか」という課題を設定しました。

❷比較しながら，もう1つの構成要素である「角度」に気づく

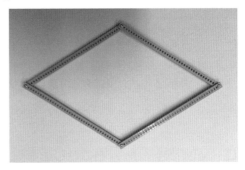

　角度に焦点化させるためには，子どもたちがダイヤモンドと言った「ひし形のモデル」と「正しい真四角のモデル」を比較しながら，違いを明らかにすることが大切です。そこで，角度に焦点化させるために辺の長さが同じ四角形の棒（右写真）を提示しました。これは，角度を変えて自由に動かすことができます。この教具を使って動かしていくと，一瞬だけ真四角（正方形）になるときがあります。それが直角のときです。

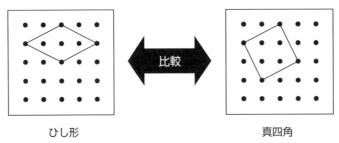

ひし形　　　比較　　　真四角

C そうそう。それが真四角だよ。
C 真四角っていうのは，長さが同じだけじゃない。直角じゃなきゃダメ。
C あっ，直角がある。
C 本当だ。直角くんだ。
C なるほど，そこが直角になってるんだ。
C 直角になっていたら，真四角と言える。

直角じゃなきゃダメ

話し合いのしかけ

2つを比較提示し，関係づけながら共通点と相違点を検討していくことで，角度というもう1つの構成要素に気づかせる。

板書のしかけ

具体物を用いて，開き具合がちょうど直角になる瞬間を可視化する。

四角形の棒を動かしながら，開き具合がちょうど直角になる瞬間を可視化していくことで，もう1つ必要な要素である直角が関係していることに気づかせていきます。このとき「直角」というつぶやきに反応して，子どもたちは「直角くん（前時に子どもたちがネーミングした，右写真の上の角に当てられた台紙）」を取り出しました。この直角くんを使って，かどが直角になっているかどうかを確かめていきます。

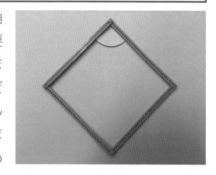

直角になる瞬間を「直角くん」で確認

ひし形のモデルと真四角のモデルを比較提示し，2つを関係づけながら共通点と相違点を検討していくことで，真四角（正方形）には直角が関係していることが明らかになり，最後は「正方形とは，4つの辺の長さが等しいだけでなく，かどが全部直角になっている」という正方形の定義を自分たちで見いだすことができました。

5 授業の最終板書

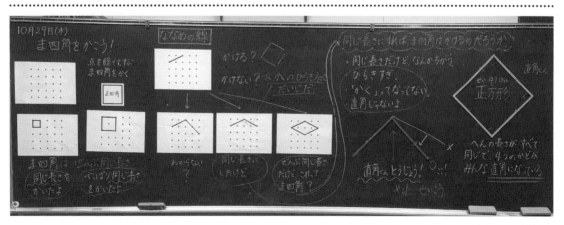

（東　裕治）

2年／三角形と 四角形

いろいろな形を見分けよう！

ペア学習	グループ学習	学級全体での練り上げ

1 授業の概要

　前時に，動物が住んでいる家の形に着目して仲間分けをする活動を通して，三角形や四角形の図形の名前とその意味について学習します。本時の導入では，三角形か四角形かを考える図形クイズをします。途中で子どもが悩むような図形を提示して問いをもたせ，三角形なのか，四角形なのか，どちらでもないのかを見分ける活動を行っていきます。その際，理由を書き込めるよう，図形を並べた学習シートを用意します。

　授業のポイントは，悩んでいる子どもの考えを最初に取り上げることです。「なぜ悩んでいるんだろう？」と問い，子どものつぶやきを取り上げ，つなぎ，黒板に残していきます。すると，子どもたちは図形の弁別の根拠として大事な言葉に気づいていきます。悩んでいた子は，友だちの考えに触れることで図形の見分け方を理解し，わかる喜びを味わいます。最後に，「三角形（四角形）と言えるキーワードは何か」を全体に問い返し，「3本（4本）」「直線」「囲まれている」という三角形や四角形の定義のキーワードをまとめます。

2 問題

あから〈までの形のうち，三角形なら「三」，長方形なら「長」，どちらでもない形には「×」を〔　〕に書きましょう。

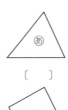
〔　〕　〔　〕　〔　〕　〔　〕

〔　〕　〔　〕　〔　〕　〔　〕

3 授業のねらい

三角形と四角形を弁別する活動を通して，三角形や四角形についての理解を深めさせる。

4 授業展開

❶問いをもつ

前時の復習として，三角形と四角形のクイズを行い，途中で子どもが悩むような図形を提示します。子どもの意欲を高めるため，図形は封筒に隠し，少しずつ見せていきます。

T　次の図形です…。（封筒から少しだけ見せる）
C　あっ，三角形だ！
C　まだわからないよ。四角形かもよ。
T　（図形を封筒からすべて見せる）
C　三角形！　…うん？
T　〇〇さんが，手で×をしているよ。どうして三角形ではないと思うの？

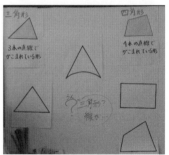

> **問題提示のしかけ**
>
> ブラインド形式で図形クイズを行い，子どものつぶやきを取り上げて問いをもたせる。

❷弁別の理由を話し合う

学習シートを使用した自力解決の場面では，定義の言葉を使って弁別している子ども（①），弁別はできているが説明が十分でない子ども（②），弁別につまずいている子ども（③）に分けて把握します。特に，③の子どもの考えを大切にします。全体の話し合いのスタートとして取り上げ，子どもたちにどうして悩んでいるのかを問います。その後，子どもの考えをつなげたり問い返したりしながら，図形の弁別の根拠に注目して話し合いをさせていきます。

指名・発表のしかけ
子どもの悩みを意図的に取り上げ，全体に問い返すことで，図形の弁別の根拠を話し合わせる。

T ○○さんは，⑩の図形を「どちらでもない」にしたんだけれど，自信がないと悩んでいます。○○さんは，どうして「どちらでもない」にしたと思いますか？
C ⑩の形が傾いているから，四角形ではないと思ったんじゃないかな。
C ここの線は斜めでも直線だよ。向きを変えれば，四角形と似た形になるよ。
T なるほど。じゃあ，⑩は四角形でいいのかな。他に理由はあるかな？
C かどが4つあるから⑩は四角形だよ。
T じゃあ，同じようにかどが4つの㊀も四角形でいいよね？
C 違うよ！　㊀は直線が2本あるけれど，丸くなっている線が2本ある。
C ⑩は4本とも直線になっているよ。だから，四角形だよ。
T 直線が4本だったら四角形と言えるんだね。
C じゃあ，⑪もここが斜めだけれど，直線が4本あるから四角形と言えるね！

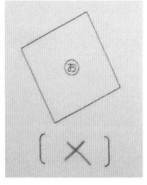
子どもの悩みを取り上げます

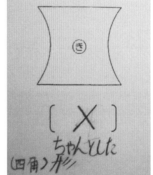
学習シートに弁別の根拠を書かせます

❸三角形と四角形の定義のキーワードに気づく

　全8種類の図形を弁別する話し合いをさせながら，黒板で「三角形」「四角形」「どちらでもない」の3つに分けてまとめていきます。また，話し合いで出てきた子どもたちの言葉を板書します。ここで大切なのは，子どもたちが発した言葉と図形の定義の言葉をきちんとつなげることです。「線が曲がっているところがある」＝「直線ではない」，「かどをつける」＝「囲む」のように，2年生の子どもたちの素直な言葉を図形の定義に戻し，板書します。最後にもう一度，「三角形（四角形）と言えるキーワードは何か」と問い返しをします。板書を見ることで，図形の弁別のキーワードに気づかせることができます。

板書のしかけ

子どもの言葉を既習の算数の言葉（ここでは，図形の定義）とつなげながら板書することで，それぞれの図形の定義のキーワードに気づかせる。

C　かは，直線が3本あるけれど，そこに，穴があいているよ。動物が逃げちゃうよ。
T　動物が逃げないようにするには，どうすればいいのかな？
C　かどをくっつけちゃえばいい！
T　くっつければいいんだね。「くっつける」ってどうすることかな？
C　囲む！　囲んだら，動物は逃げられないよ。
　（このように，子どもの言葉を図形の定義とつなげていく）
T　三角形だと言えるには，キーワードは何かな？
C　「3本」「直線」「囲まれている」。

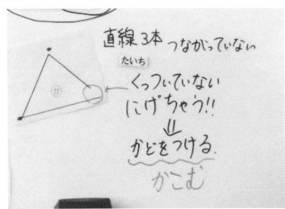

子どもの言葉を図形の定義とつなげていきます

5 授業の最終板書

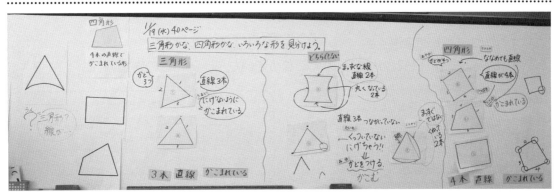

（美坂　光）

2年／分数

$\frac{1}{2}$ 神経衰弱をしよう！

ペア学習	グループ学習	学級全体での練り上げ

1 授業の概要

　まず，りんごの絵を提示し，「このりんごを2人で分けたいんだけど，どこで切るといい？」と尋ねます。子どもたちから「半分」という言葉を引き出し，なんでそこで切らないといけないのかを問い返します。「同じ大きさだから」という声が聞かれ，子どもたちの言葉で，$\frac{1}{2}$ の意味がつくられます。さらに，折り紙についても2人で分けられないかを尋ね，「同じ大きさに2つに分けた1つ分が $\frac{1}{2}$ だよ」と押さえます。その後，実際に折り紙を切って $\frac{1}{2}$ をつくります。重ねたり，折ったり，切ったりする活動の中で，子どもたちは $\frac{1}{2}$ の認識を深めていきます。

　次に，$\frac{1}{2}$ を使った神経衰弱ゲームをします。くわしくは後述の通りですが，「もと」（基準）が違うと，$\frac{1}{2}$ の大きさも違ってくることに子どもたちが気づき，説明したくなるゲームです。ゲームを通して $\frac{1}{2}$ の認識をさらに深めます。

2 問題

$\frac{1}{2}$ 神経衰弱をしよう！
① 「もとカード」を裏返す。　　　② 「$\frac{1}{2}$ カード」を裏返す。
③ 「$\frac{1}{2}$ カード」が「もとカード」の $\frac{1}{2}$ になっていたら，みんなの勝ち。

もとカード（裏返した状態）

$\frac{1}{2}$ カード（裏返した状態）
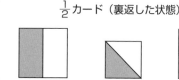

3 授業のねらい

$\frac{1}{2}$神経衰弱ゲームを通して楽しみながら,「もと」と$\frac{1}{2}$の関係について理解させる。

4 授業展開

❶りんごを2人で等しく分けるにはどこで切るとよいかを考える

左右対称なりんごの絵を提示します。「半分」という言葉を引き出したうえで,なんでそこで切らないといけないのかを問い返します。

T　りんごを2人で分けたいんだけど,どこで切るといい？
C　あそこ,あそこ！（手刀で切るようなしぐさ）半分だよ。
T　どこどこ？　先生が棒を動かすから「ストップ」って言ってね。（速く動かす）
C　速すぎるよ！　もう少しゆっくり。
C　ストップ！

板書のしかけ

棒を動かしてストップを言わせることで,内容の理解と集中を促す。

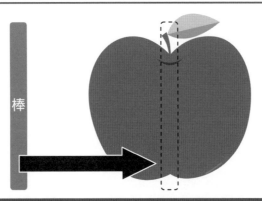

話し合いのしかけ

なんでそこで切らないといけないのかを問い返すことで,「同じ大きさ」という言葉を引き出し,$\frac{1}{2}$の理解につなげる。

T　なんでそこで切らないといけないの？
C　だってね，同じ大きさになるから。

❷折り紙を$\frac{1}{2}$に切る

　次に，折り紙を2つに分ける操作活動を行います。実は，となりの席の子どもとは「もと」になる大きさが違う折り紙を配るので，でき上がりの$\frac{1}{2}$の大きさも違います。そのズレから$\frac{1}{2}$の認識を深めていきます。

T　この折り紙もりんごと同じように2人で分けられる？　実際に切ってみよう。

問題提示のしかけ

配る折り紙の大きさを（隣席同士同じ大きさにならないように）バラバラにする。

C　できるよ。縦と横と斜め3つの切り方がある！（実際には縦と横は同じ）
　（作業が終わったところで，子どもが切った折り紙を提示する）
T　もとを同じように2つに分けた1つ分を，$\frac{1}{2}$といいます。
C　あれ？　ぼくの$\frac{1}{2}$と大きさが違うよ。
T　えっ，切り方を間違えたんじゃない？
C　いや違うよ，先生が配った紙の大きさが違うんだよ！
T　じゃあ，こっちもこっちも$\frac{1}{2}$なの？
C　そうだよ。どっちも$\frac{1}{2}$だよ。
　（ここで子どもたちに，どうして$\frac{1}{2}$なのかを問い返し，「もと」の言葉を引き出してもよいが，次のゲームで明らかにしたいのでここでゲームに入る）

❸$\frac{1}{2}$神経衰弱ゲームを通して，「もと」と$\frac{1}{2}$の関係について考える

　$\frac{1}{2}$神経衰弱は，「もと」カードから1枚選んで裏返した後，$\frac{1}{2}$カードからも1枚選んで裏返し，「もと」カードの$\frac{1}{2}$の大きさ分色がついていたらあたり，というゲームです。並んでいるカードの大きさが違うので，子どもたちは同じ大きさのカードをとろうとします。そこで，なぜそのカードを選ぶのかを全体に問うと，「もと」と$\frac{1}{2}$の関係を話し出します。ゲーム形式にしているので，子どもたちは熱くなりながら説明します。

問題提示のしかけ

ゲーム化することで，楽しみながら「もと」と$\frac{1}{2}$について説明させる。

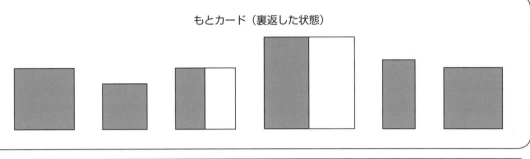

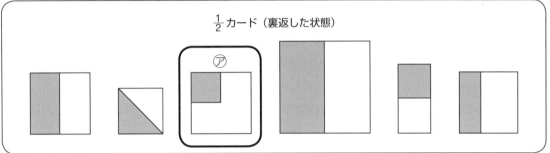

C これは簡単だよ！
T 「簡単だよ」って声が聞こえたけど，どうして簡単なの？
C だって，大きさが同じカードを選べばいいよ。
T なんで大きさが同じカードを選ぶといいの？
C もとの $\frac{1}{2}$ を出すんだから，もとのカードと $\frac{1}{2}$ のカードの大きさは同じのはず。
C （子どもがめくる）やったー！　あたりだー！

問題提示のしかけ

㋐を教師がめくることで，子どもの予想とのズレを生み，さらに考えさせる。

C それは $\frac{1}{4}$ だよ。
T じゃあ，これの「もと」はあるかな？
C あるよ！
T （挙手で「ある」か「ない」かを確認したうえで）「ある」って言ってる人がいるけどどんなカードだろうね？
C その形が2つ分だから…。
（他にも，$\frac{1}{2}$ かどうかあいまいなカードを引いて子どもたちに切らせたり，重ねさせたりして $\frac{1}{2}$ を確認していく流れも考えられる）

（清水　修）

3年／たし算とひき算の筆算
トマト算に潜むきまりを発見しよう！

ペア学習	グループ学習	学級全体での練り上げ

1 授業の概要

この授業の中心教材はトマト算です。トマト算とは，212－121 や 535－353 のような2つの数でできた3けた－3けたの筆算形式のひき算のことです。本時はこのトマト算を使ってビンゴゲームを行います。右の写真のように，同じ答えが縦3マス×横3マスの

中で，縦，横，斜めのいずれかにおいて3つ並べばビンゴになるというルールで進めます。

ビンゴゲームはあくまでも本時の目標達成のための手段であって，中心的活動はトマト算に潜むきまりを発見する活動です。ビンゴゲームを楽しむ過程において，自然にトマト算に潜むきまりに気づかせることができるかどうかが授業のポイントになります。

トマト算の答えは，91，182，273 の次に 364，455…と続いていきます。全部で8通りですが，その8通りの答えを縦に並べるとそこからもきまりがみえてきます。最後はグループで「トマト算の答えはみんなで何通りあるか」を追究していきます。

2 問題

> トマト算でビンゴゲームをしよう。
> トマト算の答えが縦，横，斜めに3つ並んだらビンゴです。
> 赤，白どちらが多くビンゴができるかな？

3 授業のねらい

トマト算によるビンゴゲームを楽しみながら，トマト算に潜むきまりを発見させる。

4 授業展開

❶トマト算を使ってビンゴゲームをする

　実際にゲームをしながら，ルールやトマト算という用語等を指導します。袋に入った問題用紙を赤，白の代表者が引き，全員で答えを確認します。問題にはトマト算の答えが「91，182，273」になるものを入れておくことにします。

T　それでは1番目の問題を引いてもらおう。（多くの子どもが挙手）
C　（袋の中から問題を1枚ずつとる）
T　赤は「434 － 343」で白は「414 － 141」だね。
　　（赤，白ともにマス目の左上に置く）
C　あーっ，赤は3と4，白は1と4でできてる。
C　あっ，ほんとだ。
T　Kくんの言いたいことわかる？
C　わかります。（となり同士で確認する）
T　たまたまじゃないの？　では，2回戦にいこう。今度は好きなところに置いていいよ。

C　（赤は「636 － 363」，白は「212 － 121」を引く）
C　あれ，どっちの答えにも，91と273がある。
C　何か筆算の形が似てるよ。

　ここで右のように2と3を例にして，トマト算についての説明を行います。
　3回戦を行うと，赤は「323 － 232」で，白は「767 － 676」，両方とも答えは91になりました。

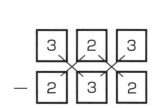

❷ビンゴゲームをしながらトマト算のきまりに気づく

　3回戦までは，袋の中の問題を子どもに自由にとらせます。しかし，自由にとらせてい

ると思わせておいて教師の方で少し意図した問題をとらせるように操作をします。ここはちょっとしたテクニックです。そして，4回戦は答えが91になる問題をつくる活動を仕組みます。いよいよ2つの数の差と答えの関係に気づかせるのです。

T 答えが91になるトマト算の問題がつくれますか？ おとなりの人と相談して，まだ黒板に出てきていない問題をつくりましょう。
C 簡単だ。
C わかったわかった。（ペアで相談して問題づくりを行っている）
T それでは，赤組，白組一緒に発表してください。
C （赤組は　878 − 787 ＝ 91　白組は　989 − 898 ＝ 91　の問題を入れる）

T これで赤組も白組もビンゴになったね。でも，赤組は7と8を使って，白組は8と9を使っているけど，8と6ではダメなのかな？
C （子どもたちは班になって相談し始める）
C 2つの数が1と2，2と3，3と4のときの答えは91です。
C 2つの数の違いが1のときのトマト算の答えは91です。
C 6と7，7と8，8と9のときも91になります。
C じゃ，2つの数の違いが2のときは…。
T さらにゲームを続けましょう。

問題提示のしかけ

ゲームの途中で，答えが91になるトマト算の問題をつくる活動を与え，問題の仕組みに気づかせる。

❸ 2つの数の違いと答えの関係に気づく

　さらにゲームを続けると，答えが182になる問題が出てきます。さらに続けると，答えが273になる問題も登場します。また，ゲームの途中で答えが364になる問題も袋の中に忍ばせます。そうなってきたらトマト算のきまりがみえてくるはずです。

T　5回戦は，赤が「313 − 131」，白が「545 − 454」になりました。
C　赤の答えは182です。白は91です。
C　182ははじめて出てきたね。1と3は2つ違い。
C　2つ違いは必ず182になるのかな？
T　じゃ，6回戦をやってみよう。（赤，白それぞれ代表の子どもが問題を袋から引く）
T　6回戦は，赤が「656 − 565」，白が「535 − 353」です。
C　わかった。535 − 353 の答えも182だから，2つ違いの答えは182だ。
C　424 − 242 をやったら，182になりました。646 − 464 も答えは182になるよ。
C　だったら，3つ違いの答えはいつも273かな？
　（子どもたちは自然に班になって調べ始める）
T　ここで整理するよ。トマト算の2つの数の違いが1のときは，答えは必ず91になったね。2つの数の違いが2のときは，答えは182だね（2つの数の違いが3だったら273に，2つの数の違いが4だったら364になることも確認する）。
T　こうやって答えを並べてみて，気づくことはあるかな？
C　一の位の数が1，2，3と並んでいて，十の位の数が9，8，7と並んでる。百の位は1，2，3と並んでる。
C　2つの数の違いが2だったら91×2で182，3だったら91×3で273，4だったら91×4で364です。
C　だったら，違いが5なら答えは455になるはずだね。

違いが1 … 91
違いが2 … 182
違いが3 … 273
違いが4 … 364

5 授業の最終板書

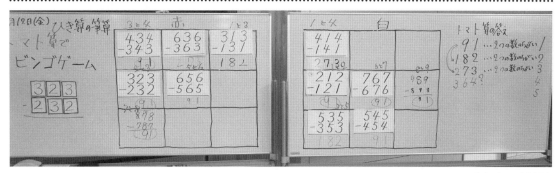

（宮本　博規）

3年／三角形
正三角形ができないのはなぜ？

1 授業の概要

図形の概念形成においては，下のような学習過程が欠かせません。

そこで，「数学的シツエーション」※という場の中で，上の3つの過程をスパイラルに位置づけた授業を構想しました。数学的シツエーションとは，場からの働きかけによって生まれる課題解決の中で，数学的な法則や概念をつかんでいくことができるような場を指します。

この授業は，「ジオボードで三角形づくり」という数学的シツエーションを設定し，子どもが主体的に「比較」「分類・弁別」「創造」していく，という活動を中核としてデザインしました。その中で，3年生の子どもたちが着目すべきは「辺の長さ」（や「角の大きさ」）という図形の構成要素です。この図形の構成要素に着目させることで，子ども同士の対話を促しながら，素朴な概念を数学的なものに高めていくことにしました。

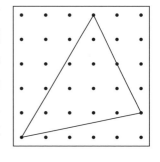

このジオボードでつくることができる三角形は，二等辺三角形，直角三角形，直角二等辺三角形（それぞれ数種類）で，子どもたちが一番期待する正三角形をつくることはできません。できないからこそ，どうにかして正三角形をつくってみたい。もしどうしてもできないのなら，なぜできないのか。ジオボードでできない正三角形をどうすればつくることができるのか。そんな切実な思いを基にしながら，三角形の概念を創造していきます。

2 問題

ジオボード上にいろいろな三角形をつくり,辺の長さに着目して分類をしましょう。どんな三角形ができますか。また,できない三角形はどんなものでしょうか。

3 授業のねらい

ジオボードでつくった様々な三角形を,辺の長さに着目して弁別する活動を通して,正三角形や二等辺三角形の意味を理解させる。

4 授業展開

❶様々な三角形をつくり,辺の長さに着目して分類整理する

まず,「ジオボードで,友だちと違う自分だけの三角形をつくろう」と呼びかけます。

C　簡単だよ。みんなが思いつかないような三角形をつくるぞ！
C　細長い三角形にすれば,みんなと違う三角形になるんじゃないかな。

子どもがつくった三角形を,子どもと一緒に辺の長さに着目し,分類しながら掲示していきます。その際,辺の長さに着目すると,一般三角形,二等辺三角形,そして正三角形の3つに分類できることを確認していきます。

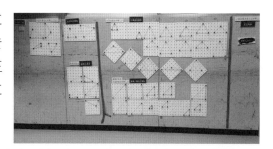

板書のしかけ

「辺の長さ」に着目させて,整理しながら自分でつくったオリジナルの三角形を掲示させる。ここで,あえてジオボードではつくることができない3辺の長さが等しい正三角形のスペースも設けておく（右写真）。

C 3辺が等しい正三角形がないよ。
C 正三角形はあるはずなのにできない…。正三角形をつくればオリジナルの，みんながつくってない三角形になるはず。
C あるはずなんだから，私が絶対つくってみせる！

　正三角形ができない事実に，子どもたちはムキになり始めます。このように，子どもたちの切実な思いを基に課題「ジオボードで正三角形をつくってみよう」を設定します。

❷正三角形ができない理由を話し合う
　しかし，この課題に子どもたちは頭を抱えて悩み始めます。

C 確かとは言えないけど，ぼくの実験結果では正三角形はできない。いくつもつくってみたけど，どうしてもできない。
C いや，もしかしたらできるかもしれない。なんか方法があるのかもしれないよ。
C （ジオボードの底辺に当たる辺の長さの点が）偶数の場合は絶対にできない。奇数の場合にしか考えられない。
C 正三角形だったら頂点が底辺の中心にこなくてはいけないんだけど，底辺が偶数の場合は，中心になるところに点がないからできないんだね（正三角形の頂点が，底辺の垂直二等分線上にあることを言っている）。
T 実物投影機を使って，指し示しながら説明してくれる？
C 底辺が偶数だったら…（と，指し示しながら），頂点が点と点の間にこなくてはいけなくなるから，点がないところになっちゃう。底辺が奇数のときしかあり得なくなる。
C でも，奇数の場合にも頂点ができないと思うんだけどなぁ。横にずれるんじゃなくて，縦にずれるんじゃないかな。

　正三角形や二等辺三角形の性質に気づくすばらしい場面ですが，話し合いが空中戦に陥りやすい場面でもあります。そこで，実物投影機や拡大したジオボードを根拠に，指し示させたり，操作させたりしながら話し合いを焦点化していきます。

❸実際に正三角形をかいて確かめる

　ここで，本当に正三角形がないかどうか，学習シートを使って確かめる時間を設定します。このような操作活動を設定することで，コンパスなどの道具を使いながら正三角形かどうかを確かめる必要性が生まれてくるのです。このような活動を経て，子どもたちは次のように話し合いを続けます。

C　コンパスで長さを測ってみると（右図），これが正三角形だから，頂点がジオボードに合わない。
C　コンパスでかくと，3つの辺の長さが同じになるでしょう。だから，これ（右図）が正三角形になる。
C　コンパスで長さを測ってみると，ここ（右図矢印の位置）に頂点がくるんだけど，ここにジオボードの点がないんです。だから，ジオボードで正三角形は絶対にできないんです。
C　コンパスを使えば，同じ長さの辺が3本引けるから，ジオボードじゃなくノートにだったら正三角形がかけます。

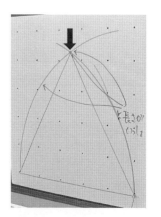

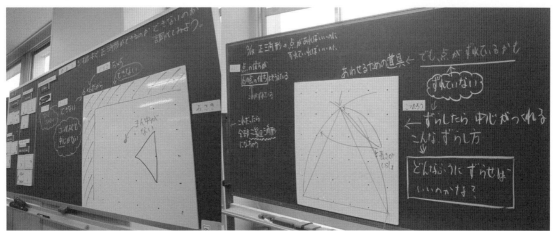

　このように，子どもたち自身で正三角形の定義から派生して生まれる性質を言葉にしながら，正三角形のかき方までつくり出していきます。

※平林一栄『算数指導が楽しくなる小学校教師の数学体験』（黎明書房）

（余宮　忠義）

3年／三角形
三角形を仲間分けしよう！

ペア学習

グループ学習

学級全体での練り上げ

1 授業の概要

　右のような星形に打たれたドットの図を使い，三角形をつくる活動を通して，図形の要素に着目させます。13個のドットのうち3つのドットを選んで線分で結び三角形をつくっていきます。合同な三角形は同じものとみなすと，17種類の三角形をつくることができますが，子どもはゲーム感覚で意欲的に様々な三角形をつくろうとします。

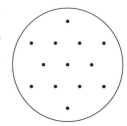

　また，できた三角形を分類する際には，あらかじめ用意した8つの三角形（正三角形2つ，二等辺三角形3つ，不等辺三角形3つ）を使用します。分類を進める段階でペアでの話し合いを取り入れ，互いのズレから全体の練り上げにつなげます。

　まずは，正三角形の仲間から分類します。二等辺三角形と不等辺三角形については，高さの高い二等辺三角形と高さの低い二等辺三角形を比べ考察させます。三角形を回転させたりしながら，だれもが納得できる分類の仕方について考えていきます。

　最後に振り返る場面でもドットの図形を活用します。正三角形が4つ，二等辺三角形が5つ，不等辺三角形が8つつくれることを紹介します。

2 問題

①星型ドットを使って三角形をつくろう。
②8つの三角形を仲間分けしよう。

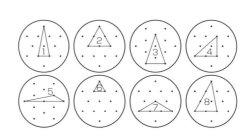

3 授業のねらい

星形ドット図による三角形づくりを通して，三角形の構成要素に着目させるとともに，視点を明確にして三角形を分類することで正三角形と二等辺三角形の定義を理解させる。

4 授業展開

❶三角形をつくる

13個のドットの中から3つを選び，黒く塗りつぶします。この活動により図形の頂点に目を向けさせます。そして，その3点を直線で結び，辺に着目させます。

T この紙に三角形をつくってもらいます。三角形って頂点がいくつありましたか？
C 3つ！
T そうだね。点の中から3つ頂点になるところを選び，黒く塗りつぶします。（一直線に並んだら三角形がつくれないことも知らせる）
T そして，それぞれの点を直線で結びます。できますか？
C はい。
T では，プリントを1枚ずつ配ります。1枚に1つ三角形をかいてください。

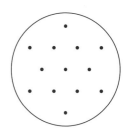

問題提示のしかけ

子どもに配付するドットのかかれたプリントは円形にした。そうすることで，図形を回転させて見ることができる。回転させて見比べることで，図形を形にとらわれることなく考察することができるようになる。

❷三角形を分類する

三角形を分類する際には，あらかじめ用意した8つの三角形（正三角形2つ，二等辺三角形3つ，不等辺三角形3つ）を使用します。実物投影機で映し出します。

T 今日のめあては，「三角形を仲間分けしよう！」です。ただ，ポイントは「辺に目を

つけて」です。「辺に目をつけて」って，どういうことかな？
C 辺に注目する。
T 辺の何に注目するの？
C 長さ？　数？

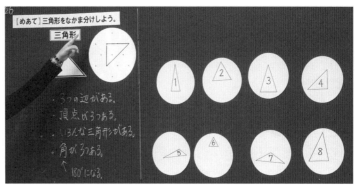

T では，さっそく仲間分けをしていこう。どんな仲間に分けられると思いますか？
C （2）と（6），（1）と（3），（7）と（5），（4）と（8）。
C （2）と（6），（1）と（3）と（7），（5）と（8），（4）。

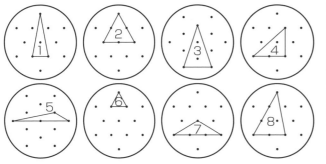
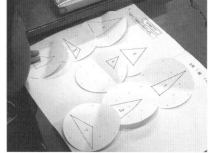

T 少し違うみたいだね。でも，（2）と（6）は仲間にしてもいいですか？
C はい。
T じゃあ，その理由が言える人はいませんか？
C 形が同じだから。
C 辺の長さが3つとも同じだから。

　正三角形2つが仲間であることは，子どもたちも容易に判断することができます。さらに，その理由を考えていきながら，他の三角形についても仲間分けしていきます。（1）や（3）の高さの高い二等辺三角形と（7）の低い二等辺三角形は仲間にしてよいのかや，（4）の直角三角形の処理はどうするのかについて議論を進めていきます。
　子どもたちの手元には，写真の板書と同じような三角形を用意し，円形シートの裏には貼ってはがせる糊をつけ，シートの上で仲間分けができるようにしました。分類する三角

形をそろえたこと，手元に同じものを用意したことにより，すべての子どもたちが個人の思考で中心課題に向き合うことができました。

また，ペアでの話し合いや全体での意見交流を通して，自分の考えを修正しながら課題解決に向かうことができました。

❸授業を振り返る

8つの三角形の分類が終了し，「正三角形」と「二等辺三角形」の定義を理解した後，授業のはじめにつくった三角形について振り返らせました。自分がつくった三角形がどの仲間に入るのか確認させることで，さらに理解を深めさせることができます。

そして，すべての子どもたちに学びの振り返りをさせるために，1人1つずつ三角形を配付し（色分けしておき，黒板に貼ったときにひと目で分類ができているかどうかわかるようにします），どの三角形の仲間に入るか判別させます。それを黒板に貼って見比べることで，全体での振り返りにもつなげます。不安そうに貼った子どもの三角形については，教師がもう一度調べ直し，確認することで，学びを確実なものにします。

> **まとめのしかけ**
> 自分がつくった三角形がどの仲間に入るのか考えさせる。

5 授業の最終板書

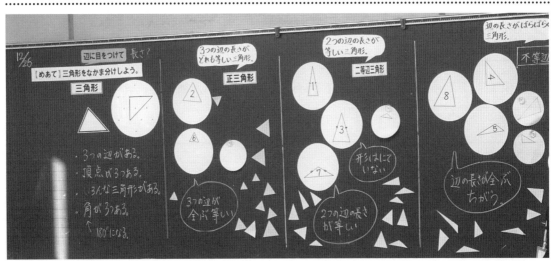

（浦山千加代）

3年／2けたをかけるかけ算の筆算
2つのかけ算の答えが同じになるのはなぜ？

ペア学習	グループ学習	学級全体での練り上げ

1 授業の概要

　2けた同士のかけ算の筆算の活用場面です。筆算の形式に慣れた子どもたちに，筆算のよさを「速い」「簡単」「正確」だけでなく，構造面からもとらえさせます。

　授業は2つのかけ算の答えが同じになる「不思議さ」から導入します。この「同じ」は偶然なのか？　それとも，何か秘密があるのか？　その追究活動の中で，かけ算の筆算の構造に目が向きます。さらに，「ほかにも同じになるかけ算の式はないか？」という問いの連続も起きます。

　多くの子どもが，追究の過程でたくさんの筆算に取り組むことになり，自然に計算練習もできるしかけになっています。

2 問題

「16 × 34」「26 × 24」「21 × 24」の中で，「12 × 42」と積が同じ式はどれでしょう。また，同じになるのはなぜでしょう。

3 授業のねらい

異なる式の積が同じになる理由を考えさせ，類推的な考え方によって積が同じ他の式を探させる。

4 授業展開

❶積が同じになる式を見つける

　1つのかけ算の式と3つのかけ算の式を提示して，最初の式と積が同じになりそうな式を3つから選ばせます。2回繰り返すことで，きまりらしき特徴に気づかせるようにします。

T 「16×34」「26×24」「21×24」の中で，「12×42」と積が同じ式はどれでしょう？
C 計算すればわかるけど…。
T じゃあ，「これがそうかな」と思う式をまず選んで，筆算で答えを求めてみよう。
C 同じ数字が使われている「21×24」にしてみよう。

問題提示のしかけ
3択にすることで，全員が抵抗なく問題に取りかかれるようにする。

それぞれの式の筆算を小黒板に書いて提示します

T じゃあ，次は「22×33」「21×36」「28×32」の中で，「12×63」と積が同じ式はどれでしょう。計算しないで選んでみて。
C わかった。たぶん…「21×36」だ。
C この2つの式は，反対になってる。
T 「反対」ってどういうことかな？　だれか「反対」って言った気持ちがわかる人いませんか？
C 2組の式は，どちらも一の位と十の位の数字が反対になってる。
T なるほど。じゃあ，2けたのかけ算は，一の位と十の位の数字を反対にしたら，積が同じになるんだね。

C　なるんじゃないかな…。
C　ならないときもあるかも…。
T　じゃあ，実際に好きな式をつくって，数字を入れ替えて計算してみよう。
C　（計算したうえで）あれっ，同じにならないよ！

話し合いのしかけ

「反対」の意味を取り上げ・つなぎ・問い返していく。そして，積が同じになる式の特殊性を明らかにする。

❷積が同じになる理由について考える

　最初の問題の「12×42」と「21×24」の積が等しくなることを確認したうえで，「なぜ積が同じになるのか」を考えさせます。その際，対比しやすいように，部分積がみえる形で2つの式を示していきます。

T　「12×42」と「21×24」の積がどうして同じになるのか考えましょう。
　　4つのかけ算の形で筆算を書いてみましょう。

板書のしかけ

2つの筆算を部分積がみえる形で横に並べて板書し，対比しやすくする。

```
    1 2              2 1
  × 4 2            × 2 4
  ─────            ─────
      4                4
    2 0              8 0
    8 0              2 0
  4 0 0            4 0 0
  ─────            ─────
  5 0 4            5 0 4
```

C　途中の数が全部同じだ！
C　でも，2段目と3段目は反対だよ。
T　これって，この式（「12×42」と「21×42」）のときだけなのかな？
C　ほかのときもなると思うけど…。

60

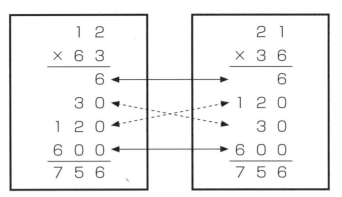

C やっぱり！ 2段目と3段目が反対になった。筆算の途中の4つの数は同じだ。

❸積が同じ式のきまりに気づき，他の場合を考える

2組の式で筆算の部分積が同じことを確認した後，改めてかけ算の式に着目させ，きまりに気づかせます。その後，ほかに積が同じになる式を探させます。

T 同じように一の位の数字と十の位の数字を入れ替えて，積が同じになる式の組はもうないのかな？
C 「12 × 42」「12 × 63」…だから，かけられる数は 12 だと思う。
C かける数は，42，63…だから 21 ずつ増えてるよ。
C 十の位の数字は一の位の数字の2倍だ。42の4は2の2倍，63の6は3の2倍。
C だから次は「12 × 84」だ。

数字を指しながら説明する様子

まとめのしかけ

一の位，十の位の入れ替えというきまりを発見させて確かめるだけでなく，類推的に他の場合も考えさせ，理解を確かにする。

（藤本　邦昭）

3年／トピック教材
かくれたサイコロの目の合計を言い当てよう！

ペア学習　　グループ学習　　学級全体での練り上げ

1 授業の概要

　この授業は，積み重ねたサイコロのサイコロ同士が接している面の目と，机に接している面の目の合計を求めていくものです。はじめは問題を把握したり，解決に向けた見通しをもったりすることができるように，サイコロが1個，2個の場面を考えます。最終的には，サイコロを5個重ねた場面（下図。下段の3個は無地）について考えます。

　授業のポイントは，多くの子どもが「サイコロの側面（奥側の2つの面）の目がわからないと答えられない」と考える中で，「上下の面の和は必ず『7』になるから，側面の目は考えなくてよい」ということに気づかせることです。そして，その気づきについて，「どういうことを考えたのかな？」「なぜそう考えたのかな？」と学級全員に問いかけ，学級全体で友だちの考えを解釈し合うようにすることです。

　最後に，「7×5－5」「7×4＋(7－5)」という2つの式の意味を，サイコロの数やサイコロの目の数などと関係づけながら解釈し合う活動を通すことで，式を構成している数や演算記号などから友だちの考えを理解しようとする態度を育てます。

2 問題

　サイコロを5つ重ねたとき（右図），重なってかくれている9つの面の目をたし合わせた数はいくつでしょう。

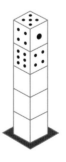

3 授業のねらい

> サイコロの向かい合う面の目の和が7になるというきまりを基に考えることを通して，演繹的に考え，説明する力を育てる。

4 授業展開

❶サイコロが1個の場合を考える

サイコロが1個の場合の問題を提示します。算数が苦手な子どもも答えられるような問題からスタートすることで，学級全員が問題を把握しながら活動に参加できるようにします。さらに，この学習でのカギとなる「向かい合う面の目の和が7になる」ということも引き出し，答えの求め方も式で表せるようにします。

問題提示のしかけ

算数が苦手な子どもでも答えられる問題からスタートする。

T サイコロのかくれている面の目は，いくつでしょう。
C 1の裏の下の方の面は，6だよ。
T 当たってるかな…。本当だ！　6になってるね。
　 どうして6だとわかったの？
C だってね，サイコロの目は合わせると7になるんだよ。
　 例えば，今のは「1＋6＝7」となるの。

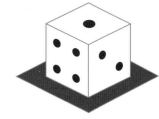

指名・発表のしかけ

授業後半での式を読む活動のために，答えの求め方を式で表現させる。

T サイコロには，「表と裏の面の目をたすと7になる」というきまりがあるんだね。でも，どうして6とわかったの？　さっきのように，式で表せるかな？
C 「7－1＝6」です。
T じゃあ，4や2の裏の面の目もわかるかな？
C 4の裏は，「7－4＝3」で3です。

第2章　学び合い授業の実践事例30　63

❷**サイコロが2個の場合を考える**

　サイコロが2個の場合で，サイコロ同士が接している2つの面と，机とサイコロが接している面の，3つの面の目の和を求めさせます。ここでカギとなるのは，下のサイコロの上下の面の目が「どちらが2で，どちらが5なのか」と悩む子どもたちに，「どちらが2でも5でもよいのではないか」と考える子どもの根拠を考えさせることです。

T　次は，サイコロが2個になるよ。今度は，サイコロが重なってかくれている2つの面と机とくっついてかくれている面の3つの面の目をたした数を答えてもらいます。
C　上のサイコロの下の面の目は，「7－3」で4だよ。
C　下の段は難しいな。上か下の目がわかると簡単なんだけど…。
T　上下の面の目はわからないけど，まわりの面の目はわかる？
C　わかるよ。1の裏は「7－1」で6，4の裏は「7－4」で3だよ。
C　あ…。だったら，上と下の目は2と5しかないよ。
C　どうして，2と5しかないと言えるの？
C　1の裏が6，4の裏が3でしょ。だから，残りは2と5しかないよ。
C　なるほど。でも，上と下のどっちが2で，どっちが5なんだろう？
C　上と下は，どっちが2でも5でもいいんじゃないかな…。

話し合いのしかけ
考えのズレを明示することで，「話したい」「聞きたい」という思いを引き出す。

T　どうして，「上と下は，どっちが2でも5でもいい」って思ったのかな？
C　最後はたすから，たして7になるなら，どっちでもいいと思ったんじゃないかな。
C　「2＋5」でも「5＋2」でも，どっちも7になるからね。
C　だったら，まわりの面の目は考えなくてもよかったんじゃないかな…？
C　えっ，どういうこと？
T　どうして，「まわりの面の目は考えなくてもよかった」と思ったの？
C　わからない…。まわりの面の目がわかると，残りの数が上下の面の目になるから，まわりの面の目がわからないと，上下の面の目はわからないよ。
C　だって，裏と表の目をたせば，いつも7になるんでしょ。だから，まわりの面の目がどんな数でも，上下の面の目をたしたら，必ず7になるはずだよ。
T　サイコロのきまりを使った考えがありそうですね。問題の答えは何になりますか？
C　「4＋2＋5」で11です。

❸**サイコロが5個（下の3個が無地）の場合を考える**

　サイコロが5個の場合で，サイコロ同士が接している8つの面と，机とサイコロが接している1つの面の，9つの面の目の和を求めさせます。ここでカギとなるのは，「下3段のサイコロの目がないので，わからない」と悩む子どもたちに，❷の話し合いの最後に出てきた「まわりの面の目は考えなくてもよい」という意見とつなげて考えさせるようにすることです。

T　次は，サイコロが何個になるのかな？　今度も，サイコロが重なっている面の目と机とくっついている面の目をたした数を答えてもらいます。（隠していた右の図を，上の方からゆっくり見せる）
C　うわっ！　5個もある!!
C　下の方はサイコロの目がついてない！　わからないよ…。
C　上から2段目までだったらわかるけど…。
C　さっきのきまりを使えばわかるよ！

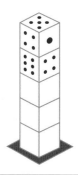

話し合いのしかけ

　子どもが気づいたことを言葉で説明させると，答えまで見通せるような発言になりがちなので，ジェスチャーで表現させ，聞く（見る）側も適度な手がかりを得ながら考えられるようにする。

T　みんなにジェスチャーでヒントを出せますか？
C　（ジェスチャー）上から2段目より下のサイコロは上と下の目をたすと7になる。
C　あ〜，なるほど！
T　答えが出せそうな人が増えましたね。
C　答えは30です。「7×5＝35，35－5＝30」という計算で求めました。
T　この式は，どのように考えたのか，わかりますか？
C　上と下の面の目をたした7がサイコロの5個分で35，それから一番上の面の目の5をひいたと思います。
C　私は，「7×4＝28，7－5＝2，28＋2＝30」と考えました。
C　この式は，上と下の面の目をたした7が下の方のサイコロの4個分で28，それから一番上のサイコロの下の面の目の2をたしたと思います。
T　式の中の数や計算の記号とサイコロの図をつなげて考えたら，どのように考えたのかわかるね。

（瀧澤　康介）

4年／1けたでわるわり算の筆算
予言のからくりを見破ろう！

ペア学習	グループ学習	学級全体での練り上げ

1 授業の概要

　1〜3のカードを使って任意の3けたの整数をつくります。その整数を9でわったときのあまりの数を，教師が筆算をしないで言い当てます。子どもたちは驚きますが，そのうちきまりがわかってきます。次に，1〜9までカードの数を拡張します。そして，同じように任意につくった3けたの整数を9でわったときのあまりも調べていきます。

　授業のポイントは，筆算とそのあまりをたくさん見やすく板書することで，子どもたちがきまりを見つけやすくすることです。

　最初はきまりがわからなかった子どもたちも，友だちからヒントをもらいながら，少しずつわかっていくところがこの授業のおもしろさです。少しでもわかると，「じゃあ，次はどうなるのだろう？」と子どもたちは能動的に動き出します。

　また，単元の終末に設定することで，楽しく筆算の練習をすることができます。

2 問題

　□の中に1〜3のカードを入れて3けたの数をつくります。できた3けたの数を9でわった答えを先生が（筆算をしないで）予言します。

$$9\overline{)\square\square\square}$$

3 授業のねらい

9でわるときのあまりのきまりを考えることを通して，数のおもしろさに触れさせるとともに，意欲的に計算練習に取り組ませる。

4 授業展開

❶問いをもつ

子どもに1～3のカードを引かせ，3けたの整数をつくります。そして，教師がその整数を9でわったあまりを筆算することなく予言する（言い当てる）と，子どもたちは驚き，何かきまりがあるのではないかと考え始めます。

T 今日は，3けたの数を9でわる計算のあまりを，先生が筆算をしないで当てます。1～3の中から好きなカードを選んで，3けたの整数をつくって。
C 312。
T あまりは6です。
C え？
T 当たっているか，筆算をして確かめてみて。
C 本当だ！
T もう一問やってみよう。次の数を選んで決めてください。
C 122。
T あまりは5です。今度は先生が指示しなくても，自分で筆算して確かめている人がいるね。
T では，もう一問。
C 333。
T 余りなし。
C なんですぐにあまりがわかるの…？
C わかった！

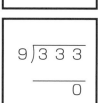

問題提示のしかけ

子どもの様子を見ながら，数問言い当て，筆算の式とそのあまりを板書する。

❷考えを共有する

　何人かの子どもたちが仕組みに気づき始めます。そうしたら，その子どもたちから，まだ気づいていない子どもたちへヒントを出してもらいます。それを繰り返しながら，気づいていなかった子どもたちにも気づかせていきます。ある程度のところで子どもたちに仕組みを発表させます。

T　「わかった！」と言っているお友だちがいるね。答えではなくて，まだわかっていないお友だちにジェスチャーだけでヒントを出してください。

指名・発表のしかけ

わかっている子どもに全部説明させず，最初はヒントを出させる。次はそのヒントでわかった子どもを指名し，新たなヒントを出させる。

C　（黒板の前に出てきて，「2，1，3」「1，2，2」の数字を指で指す）
C　あ，わかった！
C　では，新たにわかった人にヒントを出してもらいます。
C　（黒板の前に出て，「2」を指し，次に指で「2」と「1」の間に「＋」の記号を書く。そのあと，「1」を指して，「1」と「3」の間に再度指で「＋」の記号を書き，最後に「3」を指さす）。

C　あぁ～！
T　となりの人とわかったことを話し合って。
　　（ペアで話し合い）
T　どんなことに気づいたか発表して。
C　2＋1＋3＝6。だからあまりは6になります。
C　じゃあ，333のときは，たしたら9になるよ。
C　あまりが9のときは，商が1つ増えるでしょ。だからあまりは0になる。
T　他の数字を入れてもそうなるかな。
　　（他の数字でも確かめている子どもがいたらその姿勢を評価する）

❸新たな問いをもつ

　1～3までの数の場合は，各位の数をたしたものがあまりになることを確認すると，ある子どもが「4以上の数で3けたの数をつくってやってみると，（上で確認した方法では）あまりが求められません」と発言しました。授業の冒頭に黒板の右上に掲示した1～9ま

でのカードが目に入ったのでしょう。その疑問をクラス全体に問い返し，確認をします。すると，各位の数をたすと2けたの数になり，そのままではあまりを求めることができないことに気づきました。

　そこで，新たな問いをみんなで話し合って解決することになりました。

C　568でやったらできないよ。
T　計算すると，あまりは1です。

> **板書のしかけ**
>
> 　1〜9までのカードを授業の冒頭に黒板に掲示しておくことで，4以上の数の場合についても考える子どもが出てくる。その子どもからのつぶやきを拾うことで，新たな問いを引き出すことができる。

C　たしたら，19だ。
C　19÷9をしたらあまりが1になりました。
T　他のときもできるかな？
　　（各自，任意の3けたの整数をつくって確かめる）
C　なりました。
T　他に方法はないかな？
C　例えば，914のとき，9＋1＋4＝14になります。今度は，その14を使って，1＋4をすると答えが5になります。これがあまりになります。
T　今聞いた説明を，おとなりの友だちにもう一度説明してみましょう。

5 授業の最終板書

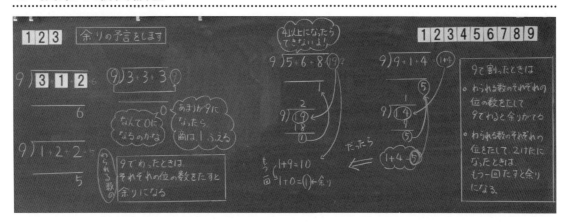

（林田　晋）

4年／面積
パズルが枠にぴったり入らないのはなぜ？

ペア学習	グループ学習	学級全体での練り上げ

1 授業の概要

　まず，下の問題のような2つのパズルのピース（画用紙）について，どちらが広いかを考えさせます（ピースは，等積変形の考え方が出やすく，面積を比べるとき基準となる大きさ（□）が見えやすい形にします）。子どもたちからは，直接比較の考え方「重ねる」という言葉が聞こえてくるはずです。

　授業のポイントは，パズルのピースを当てはめても，どうしてもできない場面をつくることです。子どもたちをできない状況に追い込むことで，「1つ余る」という言葉を引き出し，それを取り上げて問い返します。何が「1つ」なのかを考えることで任意単位（□）の考え方がはっきりしたものになります。

　最後に，もう一度広さ比べをします。「基準の大きさの何個分」で考え始めた子どもたちに，基準の大きさそのものが違う複数の形を提示することで，基準が違うと比べられないことに気づかせ，統一の基準（cm²）の必要感を生み出します。

2 問題

と のピースを使ってパズルをしよう。

枠にぴったり入ったら成功です。

3 授業のねらい

パズルゲームで任意単位を用いて広さを比較したりすることを通して，統一の基準（cm^2）の必要性に気づかせる。

4 授業展開

❶広さを比べる

はじめに2つの封筒を提示します。封筒の中には，画用紙が入っています。その画用紙の広さをくらべます。

> **問題提示のしかけ**
>
> 比べる画用紙を隠し，少しずつ見せる。

T （画用紙は見せず）まず運だめし。
　AとBはどちらの封筒に入っている画用紙が広いかな。
C 勘でいいよね？ A！
T じゃあ見せるね。
　（徐々に画用紙が出てくる）
C 今のところAが広いよね。
　（全部見えたところで）
C 微妙だね。重ねるとわかるよ。

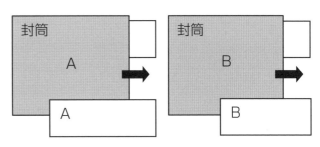

T 次はCとDを見せるよ。
　どっちが広い？
C Dだ。いや，Cかもしれない…。
T じゃあ全部見せるよ。ジャーン！
C う〜ん，全部見てもわからない。
C そこを切って動かすといいよ。
T そこってここ？
　（わざと違うところを指す）

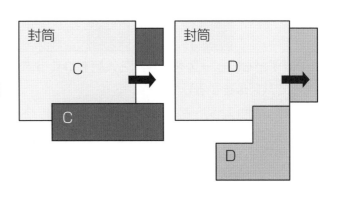

C 違う！ 上の出っ張ってるところです！
C そこを切って動かすと，Cと同じ形。
C 重ねると…，同じ広さだ！

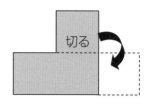

❷パズルゲームをする

❶に出てきた，同じ広さのCとDのピースを使ってパズルをすることを伝えます。2人組でじゃんけんをし，勝った人からピースを置いていきます。長方形や正方形の枠の中にぴったり入ったら成功ですが，ぴったり入らないことで，任意単位を用いて子どもたちが説明を始めます。

T じゃあ，さっきのCとDを使ってパズルをしよう。

問題提示のしかけ

ゲーム形式にして意欲を高める。

T まずは先生とみんなでためしにやってみよう。みんなからお先にどうぞ。
（子どもが長方形のピースを選んで当てはめたら，教師はわざと曲がっているピースを手にとる）
C 違う，それじゃぴったりにならないよ！
T そんなことないよ〜！
（と言いながら，無理やりのせる。このやりとりの中で，基準の1つ分（□）がみえるようにする）

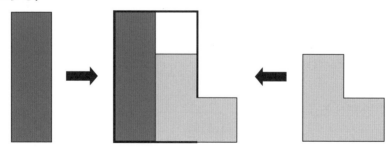

（子どもにピースを配り，2人組をつくってパズルをさせる。はじめは□9個分の枠でパズルをする）
C ぴったり入った〜。
T じゃあ，次のパズルの枠も配るね。
（□10個分の枠を配る）

話し合いのしかけ

今の条件ではできない状況をつくり，つぶやきを引き出し，問い返す。

C う〜ん，できない…。
T そんなはずはないでしょ？
C １つ余るんです。
T 「１つ余る」ってどういうこと？
C 並べていくと，□が１つ分余る。
T それは並べ方が悪いんじゃないの？
C 違う，絶対ぴったりにならない。だって，１つのピースが３で…。（途中で止める）
T ストップ。１つのピースが３って言ってるんだけど，どういうことかわかる？
C ピースは３×３で９になって，枠が１０だから１余ります。

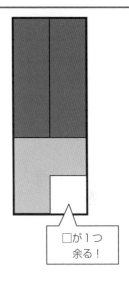

□が１つ余る！

❸もう１度広さ比べをする

　ピースを□の数で比べられるようになったところで，基準をばらつかせて広さ比べをします。基準が違うと比べにくさが出てくるため，統一の基準（cm^2）の必要感が生まれます。

問題提示のしかけ

任意単位の基準が違う形で広さ比べをする。

T □の数で比べられるようになったよね。じゃあＥは？
C □４つ分です。
T じゃあＦは？
C それも□４つ分です。
T じゃあ広さは同じなんだ。
C 違います。基準の広さが違うから，Ｅの方が広いです。
T じゃあＥとＧはどっちが広いの？
C う〜ん…。
T じゃあこれからの授業で比べられるようになるといいね。

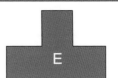

（清水　修）

4年／面積
面積の求め方を考えよう！

ペア学習

グループ学習

学級全体での練り上げ

1 授業の概要

　正方形や長方形の求積公式を学習した後の活用問題です。問題の設定はいたってシンプル。同じ正方形2枚の一部を重ね，全体の面積を求めるだけです。

　面積のような「量と測定」の学習の醍醐味は，「量を数字で表すこと」つまり数値化です。そのために，公式をはじめとした式による表現を多用しなければいけません。この学習では，面積を求めるための式を学習材として，他者がつくった式を読み取る活動を行います。

　授業のポイントは，式や式の中の数字が何を表すかを図と言葉のリンクで追究していく場面づくりです。求積できたら，重ねる正方形を1枚増やしていきます。2枚のときには気づかなかった本当のよさ，つまり「汎用性」「一般性」のある求め方のよさに気づいていくはずです。答えを出して終わり，という貧しい学びではなく，問いを連続させる豊かな学びを実現できる授業になります。

2 問題

　1辺10cmの正方形が2枚あって，一部が重なっています。
　下の形の面積はいくつでしょう。

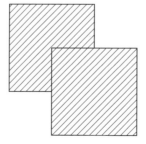

3 授業のねらい

重なりのある正方形の面積を求める活動を通して，汎用性の高い求め方を見つけ，活用することができるようにする。

4 授業展開

❶シルエットの面積を求める

黒板に1辺を10cmとした正方形（色画用紙でつくる）を提示して面積を問います。次に，2枚の正方形の一部を重ねて提示し，面積を求めさせます。

T　2枚の正方形の面積は，重ならなければ200 cm² でしたね。今度は少し重なっています。この画用紙の形（シルエットの部分）の面積を求めてみましょう。
C　どれだけ重なっているかわかりません…。
T　どれだけ重なっているかわかれば，求められる？

問題提示のしかけ
はじめは長さを示さず提示することで，必要な長さを見いだす力を育てる。

T　どこの長さが必要ですか？
C　重なりの縦と横の長さです。
T　このように，5cmと4cmだけ，ずれています（右図）。ノートに実寸でかいて，考えましょう。

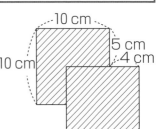

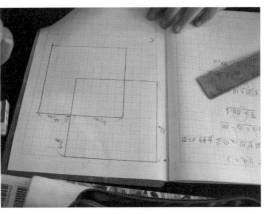

ノートに実寸で作図します

❷式の表現から解釈へ

　自力解決後，数名指名してミニ黒板に式を書き，黒板に貼らせます。以下は，ミニ黒板で示された2つの式を読み取る場面です。小集団の話し合いのために全員を黒板の前に集めておきます。

T　2人組をつくってください。まず，背が高い人からこちらの式（15×14－5×4×2＝170）を説明してください。

話し合いのしかけ

ペアトークの順番を指定することで，話し出しやすくする。

C　大きな長方形を考えて，右上と左下の部分をひく。
T　「大きな長方形」ってどういうこと？
C　縦が10＋5，横が10＋4の長方形。
C　そこから本当はない小さい長方形2つ分をひく。
T　なるほど。こちらの式の意味はわかりましたね。では，もう1つの式（10－4＝6，10－5＝5，5×6＝30，200－30＝170）について，2人組でさっき説明を受けた人が今度は説明してください。

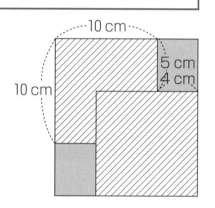

　しばらく話し合うものの，理解できないペアが数組みられます。そこで，すかさず「困っていること」を発言させます。

指名・発表のしかけ

ペアでの話し合いをしっかり観察しておき，意図的に指名する。

C　「200」の意味がわかりません。
C　2つの正方形が重なっていないときの面積です。10×10が2つ分で200 cm²。
T　授業の最初でやったね。

板書のしかけ

授業の導入の部分近くにミニ黒板を貼っておくことで，関連的にとらえさせる。

導入（ヒント）の近くに「ミニ黒板」を貼ります

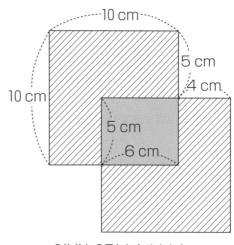

2枚分から重なりをひきます

❸枚数を増やして発展的に考える

1辺が10cmの正方形が2枚のときは，170cm²とわかりました。これを3枚に増やすと面積はいくつになるか考えさせます。

T もう1枚，同じように重ねたときの面積はわかるかな？

C わかった。重なるところが2つになったから，300－30×2で240cm²になるよ。

C 重なっていない正方形3つ分から，重なっている長方形の面積5×6＝30を2つ分ひけばいい。

T じゃあ，正方形10枚のときは？

C 重なっていない正方形10枚分から，重なっている長方形の面積30を9つ分ひけばいい。

C 正方形が何枚増えていっても，求められるね。

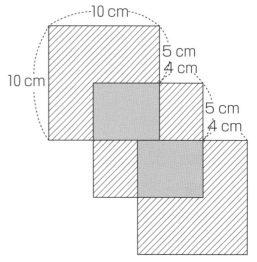

まとめのしかけ

発展させることで解決方法の要点を整理させ，活用のよさを味わわせる。

（藤本　邦昭）

4年／がい数とその計算
「ストップ約500」ゲームをしよう！

ペア学習	グループ学習	学級全体での練り上げ

1 授業の概要

「がいすうスロット」（オリジナルデジタル教材）で，「ストップ500（ピッタリ500で止めたら勝ち）」というゲームをします。このスロットマシーンには，百の位，十の位，一の位にそれぞれストップボタンがついており，0～999までの数字が出せるようになっています。初期設定で，百の位は低速，十の位は高速，一の位は中速となっているため，十の位や一の位ではねらった数字を出すことが難しく，ピッタリ500をなかなか出すことができません。そこで，「約500でもよい」という条件を追加し，ゲームを続けます。

この授業のポイントは，ゲーム中で発する子どもたちのつぶやきをうまく拾い上げていくことです。例えば，百の位で「4」か「5」が出たとき，「よし！」とか「やったー！」というつぶやきが生まれたり，十の位で5～9が出たときに「あ～…」などとため息が漏れたりします。このような子どもたちのつぶやきの意味を問うことで，四捨五入について確認することができると同時に，約500になる数の範囲を考えるきっかけとなるのです。

2 問題

右のスロットマシーンで，ピッタリ500を出そう！

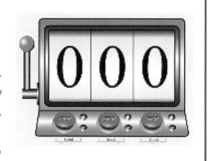

※このデジタル教材は，下記のURLからダウンロードできます。それぞれの位で超低速から超高速までスピード調節ができ，ストップボタンを押した後では，その右にある「＋，－」ボタンで止めたかった数字を確認することができます。

http://www.kumamoto-kmm.ed.jp/kyouzai/kyotsu/junban_slot/junban_slot.zip

3 授業のねらい

「ストップ500」というゲーム的な活動を通して，概数の表す範囲について考えさせる。

4 授業展開

❶「ストップ500」ゲームでピッタリ500をねらう

導入では，「がいすうスロット」の操作に5，6人程度指名します。だれでも簡単かつすぐにゲームに参加することができるように，電子黒板上で操作させます。

T 「ストップ500」ゲームをしましょう。
C どんなゲームだろう？
C やってみたいな。
C 十の位はスピードが速いな…。
C ピッタリ500を出すのは難しそう…。

問題提示のしかけ

十の位と一の位を中・高速で回転させることで，ピッタリ500で止められそうで止められない状況をつくり出す。百の位は低速にして「5」をねらえるようにすることで，500に近い数字が出るようにする。

大画面でみんなの注目を浴びながら操作します

❷「約500でもよい」という条件を追加し，ゲームをする

　「約500でもよい」という条件を追加し，子どもたちに「だったらできそう」と思わせ，ゲームを続けます。そうすることで，自然と「あ～…」「おしい！」などとつぶやく子どもが出てきます。ただゲームを楽しむだけになってしまわないように，ねらいに迫る子どものつぶやきを拾い上げることが大切です。

T　ピッタリ500は難しい？　じゃあ何だったらできそう？
C　「約」でいいならできそうだよ。
T　それじゃあ，「ストップ約500」ゲームにして続けてみよう。

問題提示のしかけ

百の位を低速から超低速にし，「4」と「5」をさらにねらいやすくする。

C　あれ？　百の位がさっきよりも遅いよ。
T　そうかな？　とにかくやってみよう。

百の位で「6」が出て，自然とつぶやきが生まれます

C　おしい！
T　今，○○さんが，「おしい！」と言った気持ち，わかりますか？

話し合いのしかけ

百の位で「3」「4」「6」が出たときの「おしい！」というつぶやきを取り上げ，つぶやいた本人以外にその意味するところを説明させる。

C　○○さんは，「5」が出ればいいと思っていたけど「6」が出たので「おしい！」と言ったんだと思います。

C ○○さんは,「4」でもいいと思っていたんじゃないかな。

❸グループで約500を出す作戦を立てる

　これまで出てきた数字を数直線上に並べてみると,何となく約500になる数の範囲がみえてきます。そして,約500を出す作戦を立てさせるときには,ボタンを押すタイミング等ではなく,本時のねらいにかかわる作戦（どんな数字で止めるか等）を説明させます。

T　どんな数字で止めるといいか作戦を立てよう。

話し合いのしかけ
グループでミニホワイトボードを使い,作戦を立てさせる。

C　百の位が「4」のときは,十の位は5～9をねらって,百の位が「5」のときは,十の位は0～4をねらおう。
C　十の位はねらった数字で止めにくいから,十の位から止めて十の位で0～4が出たら百の位は「5」をねらおう。もし十の位で5～9が出たら百の位は「4」をねらおう。
C　一の位はどんな数字でもいいよ。

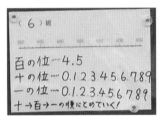

止める順番まで考えています　　　この時点で,約500になる数は457～530までが出ています

T　約500になる整数は,457～530なんだね。

まとめのしかけ
あえてここまで出た数字だけで教師が約500になる数の範囲を問うことで,子どもにゆさぶりをかける。

C　先生,もっと小さい数も大きい数もあるよ。
C　だって,約500になる整数で一番小さい数は450で,一番大きい数は549だもん。
T　449と550はダメなの？
C　449は約400になって,550は約600になるからダメだよ。

（東　　誠）

4年／変わり方
あみだくじの きまりをみつけよう！

ペア学習　　グループ学習　　学級全体での練り上げ

1 授業の概要

「あみだくじ」を教材として扱います。まず，子どもたちのあみだくじの経験を引き出しながら，3本の縦線におけるあみだくじの横線の数について考えます。「スタートとゴールの並びが反対になるよう，最も少ない数の横線を引いて，あみだくじをつくろう」を問題とします。次に，縦線が4本のときの横線の数を調べる活動を通して，横線の最低本数がわかると，「だったら，縦線が5本のとき，横線は何本だろう」と，新たな問いが生まれます。その後，縦線が5本のときを考える際，友だち同士で予想のズレが起こり，友だちの考えを聞きたくなったり，実際にかいたりして調べたい気持ちがわきます。そこで，表の変化のきまりとあみだくじの図を使って，視覚的にとらえる活動に取り組ませます。横線の数を求めるという問題解決のために，あみだくじの図と表を照らし合わせながら，どの部分が増えていくのかということを視覚的に気づかせ，説明できる力を育てていきます。表にかいて問題を解決し，表からきまりを見つけ，きまりを使って解くことのよさを実感させることで，関数の考えの基礎を身につけさせていきます。

2 問題

スタートとゴールの並びが反対になるよう，最も少ない数の横線を引いて，あみだくじをつくろう。

3 授業のねらい

身の回りの事象の中から伴って変わる２つの数量を見いだし，その関係を考察しながら問題を解決していく態度を育てる。

4 授業展開

❶縦線が３本のときのあみだくじのつくり方を基に，縦線４本の場合を考える

縦線が３本のときのあみだくじの横線の数について全員で考え，横線の最低本数は３本であることを確認します。そして次に，縦線が４本の場合の予想をさせます。

T　縦線３本のときは横線３本だから，縦線４本のときは横線４本だよね。
C　うん，横線はきっと４本だよ。
C　いや，４本よりも多いよ。
T　じゃあ，ノートに縦線を４本かいて，実際に調べてみよう。

問題提示のしかけ
子どもの中で予想のズレが起こったところで，実際にノートにかいて調べさせる。

ノートにかいて調べる様子

黒板にかかせて確認します

❷縦線５本のときの横線の数を予想する

縦線が４本のときの横線の数を調べる活動を通して，横線の数が最低６本であることがわかりました。すると「縦線が５本のとき，横線は何本だろう」と，子どもが新たな問いをもちます。板書した縦線３本のときと４本のときの数字や図に着目させながら考えていきます。

T 縦線の数が5本のとき，横線の数は何本かな？

> **板書のしかけ**
>
> 　下の写真のように，縦線の数と横線の数を図とともに順番に並べ，変わり方に気づかせる。

C 縦線3本から4本のときは横線が3本増えているから，同じように3本増えて9本。
C 3本（縦線3本のとき）の2倍が6本（縦線4本のとき）だから，今度は6本の2倍で12本になる。
C 10本。
C えっ，なんで？
T （10本と答えた子どもに黒板で説明させた後）○○くんの気持ちがわかった人？

C あぁ，そういうことか！
T そういうことって，どういうこと？
C （図を示しながら）縦線3本だと横線の数が左から1本→2本と増えて，縦線4本だと横線の数が左から1本→2本→3本と増えている。だから，縦線5本の場合は，1本→2本→3本→4本と増えるはず。
T 言ってくれたことを，黒板の図にかいてみようか。でも，これってたまたまじゃないの…？

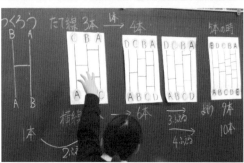

C 違う！　たまたまじゃない。
T じゃあ，みんなもノートにこの図をかいて確かめてみて。

❸縦線と横線の変わり方について話し合う

　右図のように順々にかいていくと，横線がピラミッド（階段）のような形になり，横線の数は10本になります。

　そして，縦線が1本ずつ増えると，横線が2本，3本，4本…と1本ずつ増えることを確認します。あみだくじの図と縦線と横線の数の変化のきまりが視覚的にわかるように，整理して表にまとめるようにします。縦線が6本のときの横線の数を求めるという問題解決のために，あみだくじの図と表を照らし合わせながら，どの部分が増えていくというこ

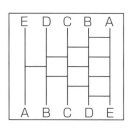

縦線が5本のとき

とに気づかせ，説明させます。

T これまで出た考えを整理して，表にまとめましょう。（縦線と横線の関係を順序よく板書する）

話し合いのしかけ
表をまとめていく中で，縦線が6本のときの横線の数を空欄にして，子どもに変化のきまりに気づかせる。

表にまとめながらきまりに気づかせます

C 縦線が6本のときの横線の数が見えた！
T どういうこと？ 縦線が6本のとき，横線は何本になるの？
C 15本。
T どうして15になるんだろう？ 説明してみて。
C 縦線が1本ずつ増えると，横線が2，3，4，5…と増えるから，15になります。
T 横線を引いて確かめてないけど，本当かな？
C 本当！（その後，図を使って説明が正しかったことを確かめる）

5 授業の最終板書

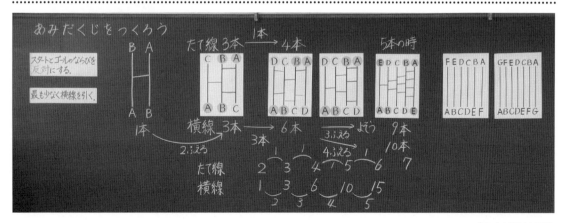

（中村栄八郎）

4年／直方体と立方体
「おかしの箱 DE くじ引き」で当たりの理由を考えよう！

| ペア学習 | グループ学習 | 学級全体での練り上げ |

1 授業の概要

　「おかしの箱 DE くじ引き」というくじ引きの活動をします。導入では，下の7つの箱を提示し，最初の3回は選んだ理由等を問うことなくくじ引きをさせます。それぞれのお菓子の箱の1つの面にだけ色画用紙を貼り，はがしたら当たりかはずれかがわかるようにしておきます（教科書では面を写しとる活動が設定されていますが，面をはがしてそれぞれの箱の面の形に着目できるようにします）。

　授業のポイントは，当たりはずれの理由（直方体，立方体が当たり）を考えさせることです。友だちが選ぼうとしている理由を考えさせたりすることで，直方体，立方体の定義につながる考えが出てきます。各グループには問題提示用と同じ形の箱を用意し，それぞれの箱の面の形を十分観察できるように，すべての面に色画用紙を貼りつけておきます。

2 問題

「おかしの箱 DE くじ引き」をしましょう。当たりの箱はどれかな？

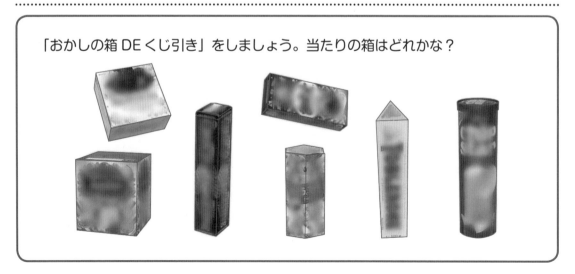

3 授業のねらい

「おかしの箱DEくじ引き」という面の形に目をつけて箱を分類する活動を通して、直方体や立方体の定義を理解させる。

4 授業展開

❶くじ引きを全体の場で3回する

最初の3回は算数が苦手な子どもでも積極的に参加できるように，その箱を選んだ理由などは問わないようにします。

できるだけくじは子どもたちに引かせるようにしますが，3回全部当たりになったり，3回全部はずれになったりすることを防ぐために，場合によっては，3回目だけ教師が引くようにします。

T 「おかしの箱DEくじ引き」をしましょう。

問題提示のしかけ
子どもにとって身近なお菓子の箱を提示し，くじ引きをさせることで，子どもたちが問題に積極的に働きかけるようにする。また，子どもたちの中に「問い」が生まれるようにする。

C どんなことするのかな。
C 引いてみたいな。

1つの面に貼ってある色画用紙をはがし，当たりが出ました

C なんでこの箱が当たりなのかな？

C 他の当たりはどれだろう？

❷角錐台の箱について当たりかはずれかを考える

　残りの4つのくじ引きも行い，7つの箱すべてのくじ引きが終わると，「面が6つ，辺が12本，頂点が8つある箱が当たり」という考えと，「すべての面が四角形でできている箱が当たり」という考えで整理されます。

　ここでもう1つの箱，右下のような角錐台を提示して，子どもにゆさぶりをかけます。

T　じゃあ，この箱は当たり？　それともはずれ？
C　たぶん当たりだと思う。
T　なんで当たりだと思ったの？
C　だって，どの面も四角形になってるから…。

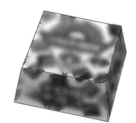

話し合いのしかけ
子どもの予想を覆す事例を提示し，ゆさぶりをかける。

C　（色画用紙をはがして）あれ!?　はずれだ！
C　なんでだろう…？
C　さっき出てきた当たりの箱の面と形も大きさも似ているけど，このはずれの箱の面は台形になっているところがあるよ。
C　だからはずれなのか。

箱の面に貼ってある色画用紙をはがして比べます

❸"大当たり"の特徴について考える

　8つの箱すべての当たりはずれがわかったとき，「実は…」と大当たりの存在を知らせます。大当たりとはいったい何なのかを知りたい子どもたちは，その秘密に迫ろうと最後まで主体的に問題に働きかけます。

T 実は…，当たりの中には"大当たり"が1つだけあるんだ。それがどれだかわかるかな？

板書のしかけ

はがした面は黒板に貼りつけておき，板書の中から考えることができるようにする。

C　えっ，大当たりがあるの!?
T　そう。大当たりって，どういうことなんだろう？
C　（立方体を選んで）大当たりはこれだと思う。すべての面が正方形でできてるから，これを大当たりと言っているんだ！

まとめのしかけ

子どもから出てきた言葉や反応等を板書し，それを基にして直方体と立方体の定義をまとめていく。

T　○○さんが言ってくれたように，正方形だけで囲まれた形を「立方体」といいます。そして，長方形や長方形と正方形で囲まれた形を「直方体」といいます。

5 授業の最終板書

【参考文献】
・盛山隆雄『盛山流算数授業のつくり方　8のモデルと24の事例』（光文書院）

（東　誠）

4年／直方体と立方体

はこの形を調べよう！

1 授業の概要

　右図のような，ふたが開閉可能な直方体の模型と展開図をかき込むことができるワークシートを準備します。模型は何回か貼り替え可能なテープを使って貼り合わせておくと活動がしやすくなります。また，面の色を3色にしておくと，授業後半の説明活動のときに面の位置関係を意識しやすく，辺の場所なども伝わりやすくなります。

　導入のポイントは，子どもにとって意外な形の展開図を示し，「いろいろな形の展開図をつくってみたい」という気持ちを引き出すことです。いろいろな展開図をつくる過程で，模型（立体）と展開図（平面図形）を念頭で行き来することになり，図形に対する豊かな感覚を身につけさせるよい機会になります。また，授業後半で「できる展開図」と「できない展開図」を比べさせ，それらの違いを説明させることで，直方体の構成要素を再認識させるとともに空間観念の素地を養います。

2 問題

　ふたつきの箱の開きを工夫して，いろいろな展開図をつくってみよう。

3 授業のねらい

展開図について理解させるとともに，平面図形と立体を行き来しながら操作を想像する活動を通して，立体についての豊かな感覚を育てる。

4 授業展開

❶模型を操作し，展開図をつくる

模型とワークシート（方眼紙）を配り，展開図について確認します。まずは子どもたちが考えた素朴な展開図を発表させたあと，教師から意外な形の展開図を示すことで，展開図づくりへの意欲を高めます。

T 箱を開いて展開図をつくり，ワークシートにかき込みましょう。
C 簡単，すぐにできる！
T （少し時間を与えたうえで）先生は，こんな展開図をつくることができました。
C すごい！　もっといろんな展開図をつくってみたい！
C 模型を開かずに，頭で考えて展開図をかいてもいいですか？

問題提示のしかけ

子どもたちが思いつきづらい形の展開図を提示することで，展開図づくりに対する意欲を高める。

模型を切り開き，展開図をつくっている様子

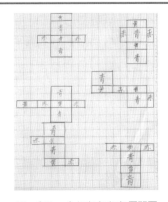

ワークシートにかかれた展開図

❷友だちがつくった展開図のつくり方を考える

　展開図をたくさんつくりたいと思っている子どもたちは，はじめは模型を操作しながらかきますが，途中から念頭操作で展開図をかき始めます。中には，直方体の展開図にはなるけれど，ふたの開閉ができない形の展開図をつくる子どももいます。ここで，つくった展開図を発表させますが，模型を開いてつくることができる展開図とできない展開図の両方を意図的に出します。子どもたちから「この展開図はつくることができるのか？」という問いが出されたら，「友だちがつくった展開図をつくる」という活動に移行し，図形の構成要素に着目させていきます。

T　できた展開図は前に貼ってもらいますね。

板書のしかけ

　「できる展開図」と「できない展開図」の両方を板書に残し，子どもたちの中に問いを生み出すきっかけをつくる。

C　左側の展開図はぼくがつくった形と同じだ。
C　右側の展開図はつくれないんじゃないかな…？
T　つくれる展開図とつくれない展開図があるの？　じゃあ，友だちがつくった展開図を目指して，自分の模型を開いてみよう。
C　左側の展開図はつくることができた。赤の面と青の面を切り離すところがポイントだったな。
T　つくるとき気をつけないといけないことがあるんだね。
C　赤に青がくっついたりしたら，図が完成しないから，黄色に青をくっつけるということを意識しながらやりました。
C　黄色の1か所の辺に青がつくようにしました。

 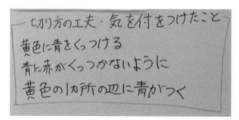

❸つくることができない理由を考える

> **話し合いのしかけ**
>
> 　模型と展開図と子どもの言葉をつなげながら，特定の展開図はつくれない理由について明らかにさせる。

T　なぜこの形はできないのか，理由をグループで話し合ってみましょう。

T　（時間をおいて）では全体で発表してください。

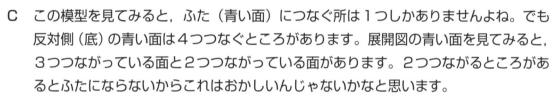

C　この箱はこの赤い面には，テープがついてないからくっつけるのは不可能です。

C　この模型を見てみると，ふた（青い面）につなぐ所は1つしかありませんよね。でも反対側（底）の青い面は4つなぐところがあります。展開図の青い面を見てみると，3つつながっている面と2つつながっている面があります。2つつながるところがあるとふたにならないからこれはおかしいんじゃないかなと思います。

C　あと1つテープをつけたして…，ここ（ふたの面）につけたとしたらできる。

T　ここにもう1個テープつけたせばいい？

C　はい。でも，ふたがなくなって，開かなくなっちゃう。

T　テープをつければできるけど，ふたつきの箱じゃなくなるってことかな。

C　青いのを中心に考えると，青のふたのところにはテープが1枚しかついてませんよね？　だけど，この展開図の青いのを見ると，1辺じゃなくって2辺から3辺にテープがついているからおかしいと思います。

T　青の面でテープがついている場所が2か所になったらまずいの？

C　ふたが開かない！　パカパカするためには，必ず青の部分は1か所で黄色の面とつながってないといけない。

5 授業の最終板書

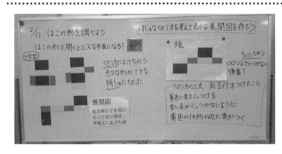
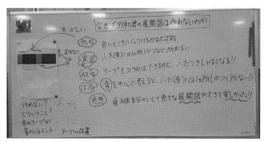

（大林　将呉）

5年／小数×小数
小数×小数の筆算の仕方を考えよう！

ペア学習

グループ学習

学級全体での練り上げ

1 授業の概要

　小数×小数の筆算とはじめて出会う時間です。しかし，先行知識をもっている子どもたちもいます。先行知識をもつことはよくないことではありませんが，先行知識をもつ多くの子どもたちは小数点の位置の決め方を形式的な方法としては知っていても，なぜそうなるのかまでは理解していないことが多いようです。

　授業のポイントは，小数点を打つ位置がどうしてその場所になるのかを考えさせ，筋道立てて説明させることです。そうすることで，形式的な理解から，本質的な理解に深まります。4年では小数×整数を学習しています。また，5年の前単元で，「整数や小数を$\frac{1}{10}$，$\frac{1}{100}$，$\frac{1}{1000}$にすると，小数点は左にそれぞれ1けた，2けた，3けた移る」ことを学習しています。これらの既習事項を使って論理的に考えていきます。

2 問題

> 4.2 × 3.4 の計算をしましょう。

3 授業のねらい

> 小数のかけ算の筆算の仕方を，小数点の位置を中心に理解し，その計算ができるようにする。

4 授業展開

❶問いをもつ

問題を示し，解かせます。多くの子どもたちは既習事項を使って計算をします。しかし，先行知識をもった子どもの中には小数×小数の筆算をする子どももいるでしょう。その子どもの発言を基に，小数点を打つ位置について子どもたちに疑問をもたせます。そして小数×小数の筆算の仕方について考えていきます。

T 答えの出し方を説明してください。
C まず，かけられる数，かける数が整数になるようにそれぞれを10倍して，42×34にします。そして，それを計算すると，1428になります。最後に，全部で100倍したので，1428を100でわって14.28にしました。

```
4.2      × 3.4      =14.28 ┐
↓×10    ↓×10              │÷100
42       × 34       =1428  ┘
```

C 他にもあります。筆算します。
T 4年生では小数×整数の筆算を勉強したね。小数×小数の筆算もできそうですね。でも，どうやって計算するの？
C まず，小数点をなくして，42×34の筆算をします。そして小数点が2つあるから，答えにも小数点を後ろから2つめのところにつけます。

```
    4.2 ← 小数点が2つ
  × 3.4
  ─────
    168
   126
  ─────
  14.28 ← 2つめ
     だから
```

T そうなんだ。小数点が2つあるから，答えにも小数点を後ろから2つめのところにつけるんだ。
C どうしてそうなるの？
C ……。

指名・発表のしかけ

既習事項を使って計算をしている子どもを指名し，答えを全体で確認する。その後，筆算で計算している子どもを指名し，筆算のきっかけづくりにする。

---

❷既習事項を想起する

板書されているこれまでの解き方を確認し，既習事項を想起させます。そして，筆算の仕方の説明を再度確認します。この2つの方法を見比べながら，小数点を打つ位置につい

て話し合いを進めていきます。

T それでは，小数点を打つ位置がどうしてそうなるのかを中心に，小数×小数の筆算の仕方について考えていこう。

話し合いのしかけ

聞いている子どもたちが疑問をもつ曖昧な発言を，教師が意図的に取り上げ，繰り返すことで，話題をそろえ，その考えはおかしいと思わせる。またどうにかして解決したいという気持ちをもたせる。さらに，既習事項を使った解き方を板書に残すことで，今後の解決の糸口にさせる。

C 小数点が2つだから後ろから2つめというなら，例えば，4.2×0.34も小数点（の数）は（全部で）2つだけど，計算したら，4.2×3.4と答えが違うよ。

```
4.2      × 0.34    =1.428  ◄
↓×10    ↓×100              ┐÷1000
42       × 34      =1428   ◄
```

T みんなで計算してみよう。（右の計算で確認）
C 後ろから2つめだったら14.28になるはずだけど，（上の図ように）計算すると1.428になるよ。
C どうにかならないかなあ。
T これまで，小数点のことでどんなことを勉強しましたか。
C そういえば，（ある数を）10でわると小数点が左に1つ動くことを勉強した。
T みんな，その勉強のこと覚えてる？
C はい。10でわると小数点が左に1つ，100でわると小数点が左に2つ…。
C あ，わかった！
T 何がわかったの？
C 4.2×3.4は（42×34を）100でわったから小数点が2つ動いたんだ！
T どういうこと？
C 小数点をなくすのに10×10で100倍しているでしょう。
C それだ！
C じゃあ，4.2×0.34は（42×34を）1000でわったから，小数点が3つ動くってこと？
T 今，友だちが発表したことをもう一度おとなりの人に説明してみよう。

❸まとめを考えることで理解を深める

既習の内容と小数×小数の筆算の形式的な操作を行き来させます。そうすることで，形

式的な小数点の移動のさせ方に意味をもたせることができます。このことを子どもの言葉で筋道立てて説明させます。

T　今日の学習をどうまとめたらいいかな？

> **まとめのしかけ**
>
> 　はじめに出された筆算の仕方の説明を基にまとめていく。また，本時の学びを子どもの言葉で振り返らせるとともに，はじめに発表した子どもへのフォローになるようにする。

C　最初にあった，「小数点が2つあるから，答えにも小数点を後ろから2つめのところに」というのはわかるような気がする。
T　どういうこと？
C　「小数点が2つ」ではなくて，4.2と3.4には，（42から4.2に，34から3.4にするのにそれぞれ）「わる10」が2つあるから，小数点も2つ動くということじゃないのかなと思います。
C　あぁ～！
T　今の説明をおとなりの人にしてみよう。
C　（お互いに説明をする）

5 授業の最終板書

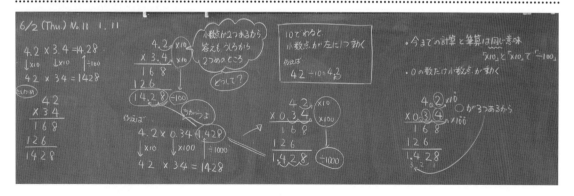

（林田　晋）

5年／式と計算

式からよみ取った求め方の説明を考えよう！

| ペア学習 | グループ学習 | 学級全体での練り上げ |

1 授業の概要

　まず，アレイ図を見て，同じ数のまとまりがいくつ分あるかを考え，式を使って表す活動をします。

　次に，「4×5」の式を提示し，子どもたちが想像する図をイメージさせます。そこで，子どもたちが予想する図と反する図を教師が提示します。すると，自然に子どもたちから驚きの声が聞こえます。

　そこで4のまとまりに目を向けさせ，どのように考えたかを全員で話し合う活動を通して，式の表す意味と説明の仕方を理解させていきます。子どものつぶやきや考えを取り上げ，まとまりをつくる考え方やそれを表す言葉を大切にして板書を行い，その後，図から式を考えたり，式を読み取ったりする活動を行います。

　授業全体を通して表された式から数量や数量の関係を読み取る力を伸ばします。

2 問題

①○はいくつあるでしょう。

②4×5を表す図はどんな形でしょう。

③6×6－4×4の式を立てた人はどのように考えたのか図に表してみましょう。

3 授業のねらい

いろいろな式を図と結びつけて考える活動を通して,表された式から数量や数量の関係を読み取る力を育てる。

4 授業展開

❶図から式を表す

アレイ図（右図）をフラッシュ的に提示し,「数えてみたい」という意欲を高めます。同じ数のまとまりがいくつ分あるかを考える活動を通して,式を使って表すようにします。

T ○はいくつあるかな？ ちょっとだけ見せるよ。

問題提示のしかけ
アレイ図を一瞬だけ見せ,図を見た子どもの考えや疑問を大切にする。

C 8？ 10？
C もう一度見せてください。
C やっぱり8だ。
T 本当に8？
C だって,たてが2個,横が4個だから。
T それを式で表せないかな？
C 2×4。他にも言えるよ。

フラッシュ的に見せます

まとまりを囲ませます

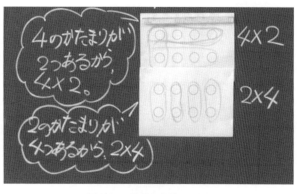

子どもの言葉を板書します

❷式から図を想像する

「4×5」の式を提示し，式を表すどんな図が隠されているかを予想させます。式から図を想像する活動を通して，本時の課題「個数の求め方を1つの式に表してみよう」と設定します。式と図を結びつけ，4のまとまりを5つつくればよいことに気づかせます。まとまりを線で囲ませ，「○個を1つ分」「○個を1組として」といった言葉を引き出し，子どものつぶやきや言葉を板書し，説明を考える手だてにします。

T （カードを開いて）4×5。カードの後ろには，この式を表す図が隠されています。どんな形だろうね。
C 長方形。
T どうしてそう思ったの？
C 黒板にかいていいですか？（子どもが前で板書する）
T （右写真）こう思った人？　では，見せますよ。

板書のしかけ

子どもの予想とズレが生じるように，一部分だけを見せる。

一部を見せる

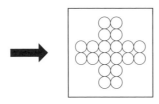
すべて見せる

まとまりで囲ませる

C （一部を見せる）えーっ！
C 思っていたのと違う。2×10じゃないの？
C （隠していたところをすべて見せる）えーっ!!（ほとんどの子が驚く）
C 4×5って，どうやってするの？
C あぁ，わかった！
T （指名し1か所囲ませる）ストップ。この後はどうかくかな？　頭の中で想像して。
C わかった。できる，できる。
T 2×4のときのように，言葉で説明できないかな？
C 4のかたまりが5つあります。（子どもの言葉を板書する）

C 他にも式がみえるよ。

❸式がどんな図を表しているかを考え，説明する

子どもたちが立てた式とかいた図を黒板に取り上げ，「式がどんな図を表しているか」という問題を提示します。友だちが立てた式と図を使って説明させることにより，多様な見方と筋道立てた考え方を育てます。また説明する際，子どもの発言を復唱したり，わからない子どもにヒントを与えたりする等の手だてを講じていきます。

> **話し合いのしかけ**
>
> 式の意味が理解できた子どもと理解があいまいな子どものやりとりを通して，式と図の関係の理解を深めていく。

T 6×6−4×4の式を立てた人は，どのように考えたんだろう。わからない人(多数)立ちましょう。わかった人はヒントをください。
C 全体を考えるといいと思います。
C 空いているところに○を入れるといい。
C あぁ，わかった。(わかった子から座っていく)
T 3つめのヒントね。だれか図にかいてみて。
C そういうことか。ひき算はあそこの部分か。
C なんだ。全部から空いているところをひけば簡単。
T 求め方をとなりの人に説明しよう。説明が終わった人はノートにまとめましょう。

5 授業の最終板書

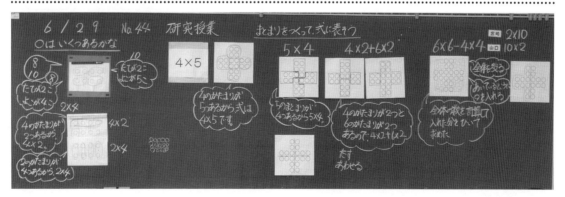

（中村栄八郎）

5年／整数
イカイカ数のひき算のきまりを発見しよう！

ペア学習	グループ学習	学級全体での練り上げ

1 授業の概要

　ここでは，2つの数を使ってつくる4けた－4けたのひき算を"イカイカ数のひき算"と呼ぶことにします。例えば，1と2でつくるイカイカ数のひき算は「2121 － 1212」となります。本時はこのイカイカ数のひき算が中心素材です。

　授業の第一のポイントは，2つの数でつくるイカイカ数のひき算の答えと2つの数の差の関係に気づく過程のおもしろさであり，第二のポイントはイカイカ数のひき算の答えを整理して並べるとみえてくるきまり発見の活動にあります。

　授業のまとめとして最後にみんなで考えたいのが，イカイカ数のひき算の答えが909の倍数になる理由です。教師のヒントを基にグループで理由を考えるのですが，ここは時間的なことと相談しながら，課題のまま終わってもよいかもしれません。

2 問題

　0～9までの数から2つを選んで，右のようなひき算をつくりましょう。

```
　 5 4 5 4
－ 4 5 4 5
```

3 授業のねらい

　イカイカ数のひき算の答えと2つの数の差の関係に気づくおもしろさや，イカイカ数のひき算の答えを並べたときにみえてくるきまりを発見するおもしろさを味わわせる。

4 授業展開

❶イカイカ数のひき算の問題づくりの過程から秘密に気づく

指名した子どもが選んだ２つの数「１と５」から，イカイカ数のひき算を筆算の形でつくる場面から授業は始まります。

T　Yさんは「１と５」を選びました。どんなイカイカ数のひき算ができるかな？（右のような問題ができる）
C　答えは3636だ。答えもイカイカ数になるよ。
T　好きな２つの数を選んで，イカイカ数のひき算をつくりましょう。
C　（２と６で問題をつくりながら，Sさんが「えっ」という声をあげたので理由を尋ねると）答えがまた3636です。
T　他にも答えが3636になった人いますか？
C　（ここで8484－4848が発表されたのですが，ここでもSさんの「あっ」という声が聞こえました）
T　Sさんはどうして「あっ」と思ったんだろう？
C　（しばらくペアトークをした後）答えがみんな3636だからじゃないですか？　問題の中の２つの数の差が全部４だから…。

```
   5 1 5 1
 - 1 5 1 5
```

```
   6 2 6 2
 - 2 6 2 6
   3 6 3 6
```

```
   8 4 8 4
 - 4 8 4 8
   3 6 3 6
```

問題提示のしかけ
Sさんの「えっ」「あっ」のつぶやきをみんなで共有することによって，イカイカ数のひき算のもつ秘密に気づかせる。

❷答えが3636以外のイカイカ数のひき算をつくる

子どもたちは，２つの数の差を意識しながら，答えが3636以外のイカイカ数のひき算をノートにつくっていきます。時折，となり同士相談する声も聞こえてきました。

T　だったら，3636以外の答えのイカイカ数のひき算もつくれないかな？
C　先生，4545ができました。2727もできました。

子どもたちはとなりや机が前後の友だちと相談しながら、答えが3636以外の問題を次々につくっていきます。

T　それでは、見つけた問題を発表してください。
C　7272－2727です。答えは4545になります。
T　3636以外に4545が出ましたね。
C　7と2の差は5になります。
C　2つの差が4のときは3636で、差が5のときは4545です。
C　2つの数の差が3だったら、2727になります。
T　答えは3つで終わりですか？
C　いや、先生、もっとあります。

　この後、まだ黒板に出ていないイカイカ数の筆算が発表されます。

板書のしかけ

　子どもが発表したイカイカ数の筆算は用紙に書いて黒板に貼り、説明する際に移動できるようにしておく。

T　もうないですか？　まだ出てきていない答えはないかな？（班の友だちと協力して答えを探す時間を与える）
C　先生、9090－909があります。2つの数の差が9のときです。
T　そうだね。この筆算もあるね。もうないかな？
C　たぶん。だって、差が1のときから9のときまで全部出ています。
C　順番に並べ替えてみるとわかりやすい。

❸**答えを黒板に整理して、きまりを考える**

　これまで発表された答えを黒板に整理します。差が1のときは答えは909、差が2のときは答えは1818…というように黒板に縦書きで板書します。
　子どもたちはこの整理されたイカイカ数の答えの並びを見て、班になって気づきを出し合うのです。その気づきがきまりの発見につながっていきます。

T ここにイカイカ数のひき算の答えを整理してみました。まずこれをノートに写しましょう。（しばらく，写す時間をとる）
これを見て気づいたことをノートにまとめましょう。（ここはグループで協力して活動する時間にする）

> **話し合いのしかけ**
>
> 答えを各自ノートに整理させた後，グループで気づいたことを交流させ，十分準備時間をとってから，発表，話し合いに入るようにする。

T じゃあ，気づきを発表してください。
C 上から1，2，3…と数字が並んでいます。逆に9，8，7…と並んでいます。
C 9，18，27…と九の段の答えになっています。
C 2つの数の差が1のときが9で，差が2のときが18で，差が3のときが27…というように，9に差をかけたのが答えになっています。
C 位の全部の数をたすと，みんな18になります。
C えっ，どういうこと？
C つまり，差が1のときは9＋9＝18，差が2のときは1＋8＋1＋8＝18，差が3のときは2＋7＋2＋7＝18になります。
C あっ，わかった。なるほど。
C （黒板を指さしながら）909の倍数になっています。
T どうして，イカイカ数のひき算の答えは909の倍数になるのかな？（この発問に対する反応は，次の時間に出し合います）

5 授業の最終板書

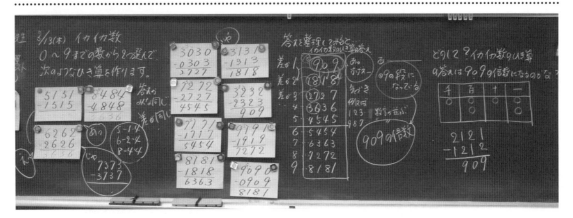

（宮本　博規）

5年／角柱と円柱
ケーキ型の立体は何角柱？

ペア学習	グループ学習	学級全体での練り上げ

1 授業の概要

　2人1組のペアで立体パズルをつくる授業です。まず子どもたちに，長方形のパーツを4枚，正方形，正三角形，二等辺三角形のパーツを各1枚ずつ配ります（パーツには，それぞれ貼りはがし自由な糊をつけており，立体を組み立てられるようになっています）。ただ，これではパーツが不足しており，立体（角柱）は完成しません。

　多くのグループが「正方形，正三角形のパーツがもう1枚あれば角柱ができる」と言うでしょうが，授業のポイントは，「二等辺三角形をもう1枚もらってもできそうだ」という気づきを引き出すことです。ここで，「できる」「できない」のズレが生じます。試行錯誤の末に角柱が完成すると，子どもたちの笑顔が広がります。

　しかし，「完成したけど，この形は何角柱かな」と新たな疑問が生まれます。既習事項を振り返りながら，できた立体が三角柱であることを説明させることで，演繹的な考え方の芽を養います。

2 問題

面をくっつけて角柱をつくろう。

3 授業のねらい

パズルで完成させたケーキ型の角柱について，既習事項を基にして三角柱であることを筋道立てて説明させる。

4 授業展開

❶パズルに2人1組で取り組む

立方体のパズルを代表の子どもとつくり，ルールを確認したところで，本時で扱う立体パズルのパーツを子どもたちに配付します。対話しながら手を動かすことをねらって，ペアに1セットだけ配付することにします。

子どもたちに配ったパーツ

T 立体パズルのやり方はわかったかな？ では，2人組でパズルに挑戦してみよう。
C 楽しそう。あれ？ できない。難しいぞ…。
C これ，パーツが足りないんじゃない…？

問題提示のしかけ
条件不足の提示で思考する場面を生み出す。念頭操作で，どんな立体ができるかを予想させた後，不足しているパーツを与える。

T あれ？ パーツを渡し忘れたかもしれないね。では，となりの人と相談して，ほしいパーツをもらいに来て。
C よしこれで完成したぞ。正三角柱ができた。
C ぼくたちは，正四角柱ができたぞ。

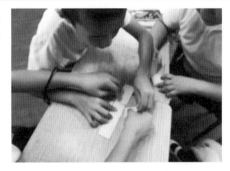

2人組で立体をつくりながら教え合っています

❷二等辺三角形でも立体ができることに気づく

多くのペアが，正方形，正三角形のパーツがもう1枚あれば角柱ができることに気がつきますが，「二等辺三角形でもできそうだ」というつぶやきを共有し，パズルに再挑戦さ

第2章 学び合い授業の実践事例30　107

せます。なかなかイメージできないペアは，見通しを持てたペアと一緒に活動させます。

話し合いのしかけ

つぶやきを取り上げ，全体で共有した後，二等辺三角形を各ペアに配る。

T 華子さんが「二等辺三角形」でもできそうだと言ってるよ。
C えっ!? できないよ。
C ちょっと待って。できるかもしれない。
C 二等辺三角形はとなり同士になっちゃダメだよ。
C 二等辺三角形2枚と長方形2枚，それに，正方形でできた！

ケーキ型の角柱が完成

❸でき上がったケーキ型の立体の種類を考える

「でき上がった立体は何角柱？」。子どもたちの中に新たな疑問が生まれます。四角柱と考える子どももおり，子どもたちの反応にズレが生じます。そこで，ケーキ型の立体を展開しながら，既習事項を根拠にこの立体が三角柱であることを説明させていきます。

話し合いのしかけ

子どもから生まれた新たな疑問を，全体に共有し，解決する内容を焦点化する。

T 太郎くんがね「これは何角柱なのかな？」と悩んでるんだけど，みんなはわかるかな？
C 正方形があるから四角柱だと思います。
C でも，正方形は1枚しかないよ。だからおかしいと思います。
C 2枚の底面は合同な多角形で，平行だと勉強したから，底面は二等辺三角形だと思います。だから，これは三角柱です。
C でも，側面が正方形になっていいの？
C いいよ。だって立方体は側面が正方形でしょ。

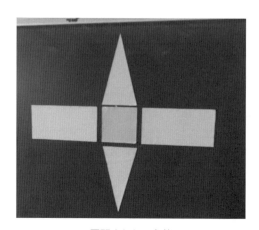

展開された三角柱

（最初のパズルを示しながら）それに，側面は長方形や正方形になると授業でまとめたよ。
C　そうだった。だったら，やっぱり三角柱だね。

❹台形の面を使って発展問題に取り組む

発展問題として，台形の面を2枚ペアに配り，再度パズルに取り組ませます。すべてのペアが角柱を完成させた後，本時の学習を振り返ります。

まとめのしかけ
板書とつくった立体を対応させながら本時のまとめを行う。

T　最後につくった角柱の底面の形はなんですか？
C　台形です。
T　この立体の名前は何ですか？
C　四角柱です。
T　側面はどれでしょうか？　となりの人と確認してください。
C　（お互いに，長方形の面と正方形の面を指さし確認する）

台形の面で発展問題

5 授業の最終板書

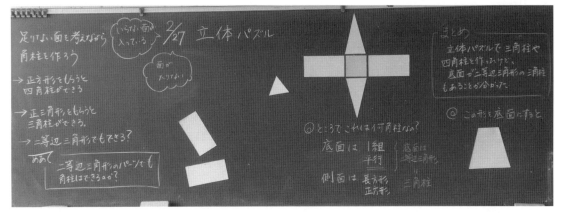

（瀬田　浩明）

5年／トピック教材

置きかえて考えよう！

ペア学習　　グループ学習　　学級全体での練り上げ

1 授業の概要

　子どもたちは，前時で，差し引いて考える相殺の考え方を，線分図を用いて学習しています。本時では，置きかえて考える置換の考え方を学習します。どちらも線分図を使うことで，複雑な数量関係を単純化して考える方法を学習しました。

　本時のポイントは3つです。1つめは，未知数が2つある複雑な条件の問題を，段階的に提示することで，場面を明確にイメージさせることです。2つめは，線分図の目盛りの幅にこだわってかくことで大人の料金と子どもの料金の関係を視覚的にもわかりやすく表し，問題を単純化して考えることができるようにすることです。3つめは，振り返りの中で，答えそのものではなく，解き方や考え方に価値を見いだすことです。

2 問題

①子ども1人と大人1人でかんらん車に乗ります。
　子ども1人と大人1人，全部で1500円かかります。

②大人1人分の料金は，子ども1人分の2倍です。それぞれ何円かかるでしょう。

3 授業のねらい

　やや複雑な数量関係の問題を，線分図を用いながら置換の考えを使って解かせ，置換の考えのよさを実感させる。

4 授業展開

❶問題場面をイメージする

　まず，問題文の①を提示します。子どもと大人の料金をたせば全体の料金になるという場面の状況をしっかりとイメージさせます。次に②を提示します。□□□の部分はブラインドで提示します。子どもたちは自然と，大人と子どもが部分で，それを合わせると全体になるという，大人と子どもの料金の関係に着目していきます。そのうえで，はじめて「大人1人分が子ども1人分の2倍になる」という課題を提示します。

T　今日の問題です。（①まで提示する）
C　大人が800円で子どもが700円かも。
T　なんでそう思ったの？
C　だって，子どもの料金の方が安いと思ったから。
T　だったら，大人が900円なら，子どもは？
C　600円。
T　じゃあ，問題の続きを見てみようか。（②まで提示する。□□□はブラインド）
C　やっぱり大人が800円で，子どもが700円だよ。値段が書いてあるはず。
C　いや，大人が1000円かも。で，子どもが500円。
T　隠れているところを見てみようか。（□□□を開ける）
C　えーっ!?

問題提示のしかけ

段階的な提示で場面のイメージをもたせ，ブラインドの効果で課題を明確にする。

① 子ども1人と大人1人でかんらん車に乗ります。

　子ども1人と大人1人，全部で1500円かかります

② 大人1人分の料金は，　　　　　　　　　です。
　それぞれ，何円かかるでしょう。

第2章　学び合い授業の実践事例30　111

❷線分図の目盛りの幅を考える

　ほとんどの子どもが題意に沿った線部図を作図します。しかし，大人の料金と子どもの料金の関係性を意識して作図をしてほしいので，図の細かな違いから，関係性を明らかにしていくことにしました。

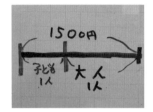 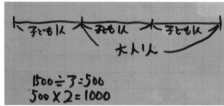 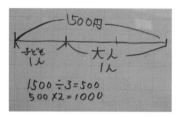

取り上げた3つの図。左端の図とそれ以外の図の細かな違いから，問題解決に至る道筋を明らかにしていきます

T　みかさんが「あっ」と言って，最初こう（下図左）だったのがこう（下図右）なりました。このときの，みかさんの気持ちがわかる？
C　大人の長さが短かったから，長くしたいと思ったんじゃない？
T　でも，なんで6目盛りにしたのかな？
C　大人は子どもの2倍で，子どもが3目盛りだから大人を6目盛りにしたと思います。

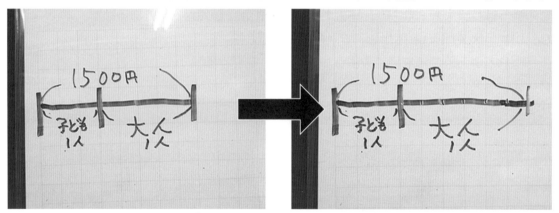

子どもの料金を3目盛りで表しています。はじめ大人の料金が5目盛りでしたが，途中で6目盛りにかき直しました

T　みんなの図が同じになったね。
C　ちょっと違う。真ん中の線がないものがある。
T　え，この線が必要なの？
C　大人が子どもの倍なので，大人の長さが子どもの長さの2つ分だから。
C　大人の中に子どもが2つ入るってことをわかりやすくするために線を引く。
C　線を引くと，全部が子どもの3人分だとわかりやすい。

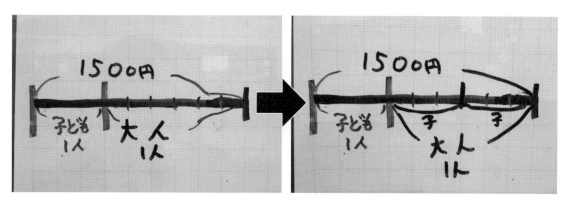

大人の料金の6目盛りを3と3に分ける線の意味を考えました

話し合いのしかけ

それぞれの考えの違いについて問い返し，その差異から大人が子どもの2倍，全体は子どもの3倍という状況を浮き彫りにする。

❸答えではなく解法や活動を振り返る

振り返りでは，答えそのものではなく，解き方や，その中で大切にした考え方に焦点を当てます。

T　こうやったらわかりやすかった，考えやすかったというのは，どんな意見だったかな？
C　大人が子ども2つ分だから，大人は子どもの長さの2倍にする。
C　大人が子どもの何人分かわかるように，大人を子どもの2人分になるように線で分ける。
C　全部の料金は，子どもの3つ分になる。

まとめのしかけ

答えではなく，解法や授業の中での考え方に意味をもたせた振り返りを行うことで，本時の問題だけでなく，様々な問題に適応し得る汎用的な考え方を身につけさせる。

（本田　貴士）

6年／分数の四則計算
答えが同じになる分数を見つけよう！

ペア学習	グループ学習	学級全体での練り上げ

1 授業の概要

　6年で分数のかけ算・わり算を学習すると，通分する必要がないため，既習の異分母分数のたし算・ひき算ができなくなる子どもを見かけることがあります。そこで，単元末に分数の四則計算についてもう一度振り返り，習熟を図りたいものです。

　授業では，「□×○」と「□－○」の2つの式を提示し，1人の子どもに分数カードを引かせることから始めます。その分数カードに書かれた分数を□に入れ，それを基に教師は○に入れる分数を考え，提示します。計算をさせてみると，かけ算とひき算の答えが同じになることに気づきます。どのような分数であれば答えが同じになるのか，その条件を探りながら分数のかけ算，ひき算の計算の習熟を図っていきます。

　授業のポイントは，かけ算とひき算の答えがたとえ同じにならなくても，計算をきちんとノートに書き残させておくことです。答えが同じになる場合とそうでない場合の両方について発表させ，整理して板書することで，子どもたちは答えが同じになる条件に気づき始めます。きまりを見つけることを楽しみながら，計算技能を同時に高めていくことができます。

2 問題

次の式の□と○に分数を入れ，計算してみましょう。

$$□×○＝？　　□－○＝？$$

3 授業のねらい

答えが同じになる条件を探りながら，分数の計算の習熟を図る。

4 授業展開

❶答えが同じになるときに，何かきまりがあることを予想する

1人の子どもに，あらかじめ用意しておいた分数カードを1枚引かせます。その子どもの引いた分数を見て，教師が別の分数を提示し，計算させます。例えば，子どもが $\frac{3}{4}$ を選んだ場合，教師が $\frac{3}{7}$ を提示し，$\frac{3}{4} \times \frac{3}{7}$ と $\frac{3}{4} - \frac{3}{7}$ を計算します。その後，もう1問同様の計算をさせ，かけ算とひき算の答えが同じになることを確認します。

T 計算してみて，何か気づいたことがあるかな？
C かけ算もひき算も同じ答えになっています。
T えっ，それって偶然でしょ？
C いや，きまりがありそう。
C 分子が同じ分数だったら，答えが同じになるんじゃないかな。

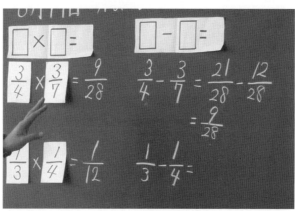

分数カードを使った導入

問題提示のしかけ

子どもに分数カードを引かせ，それを基に教師がもう1つの分数を決めることで，答えが同じになるには何かきまりがあるのではないかと予想させる。

❷答えが同じになる場合とならない場合を比較する

　分子が同じ分数なら，かけてもひいても答えが同じになるという予想のもと，まず，分子が1の場合について調べさせます。自分で分数を決め，何回か計算を試してみると，答えが同じになる場合とならない場合があることに気づきます。このとき，答えが同じにならない計算もノートに残させておくことが大切です。

C　あれ？　答えが同じにならない。どうして…？
C　同じになるのもあるよ。
T　それでは，自分が試した計算を発表してください。
C　（答えが同じになる場合とそうでない場合の両方を発表する）
T　「分子が同じ」ということ以外に，なにかきまりがあるのかな？
C　答えが同じになる場合は，かける数の分母がかけられる数の分母より1大きくなっています。

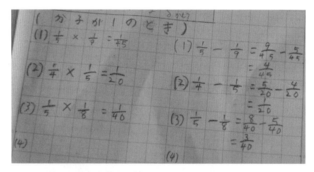

答えが同じにならない計算もノートに残します

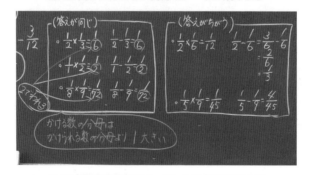

2つの場合を比較して，新たな条件を考えます

板書のしかけ

　答えが同じになる場合とならない場合を並べて板書することで，比較しながら新たな条件に気づかせる。

❸**分子が2のときについて考える**

　これまでのところで，かけてもひいても答えが同じになる分数の条件は，「分子が同じであること」「分母の差が1であること」を見つけています。次に，分子が2の場合についても考えさせます。分子が2の場合でも答えが同じになる条件がわかれば，さらに，分子が3の場合や4の場合などについても，自分で調べてみようという意欲が高まります。

T　分子が2の場合でも，答えは同じになるかな？　調べてみよう。
C　あれ，分母の差を1にしたのに答えが同じにならない。どうして…？

指名・発表のしかけ
答えが同じになった場合の式を発表させ，板書に残し，全員が見ることができるようにしておく。

C　ひょっとしたら，分母の差が2になれば，答えが同じになるんじゃないかな？
C　試してみたら，やっぱり分母の差が2のときに答えが同じになった。
T　分母の差の2って，何かと同じになっていないかな？
C　あっ，分子の数と一緒だ。
T　今回は分子が1と2の場合について考えました。他の数でも答えが同じになるか自分で調べてみましょう。
C　分子が3のときは，分母の差が3になる分数ならば答えが同じになるかも！

5 授業の最終板書

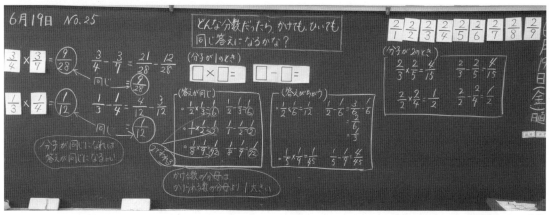

（原田　学）

6年／円の面積
目玉型の面積を求めよう！

ペア学習	グループ学習	学級全体での練り上げ

1 授業の概要

多くの子どもが難しく感じる図1の目玉型の面積を「広い方が勝ちゲーム」を通して求めていきます。クラスを2チームに分け，それぞれのチームの代表者が2つの封筒のどちらかを選びます。選んだ封筒には図形がかかれていて，広い方が勝ちとなります。

図1　　図2

全部で3回戦行います。1回戦は正方形と円の広さ比べ，2回戦は直角三角形とおうぎ形の広さ比べ，3回戦は図1と図2の広さ比べです。

1，2回戦は図1の面積を求めるための手だてとなり，3回戦の図2は図1の発展問題という位置づけです。

授業のポイントは，どちらが広いか操作や面積の公式を基に説明させたり，面積の違いが図のどこに表れているか気づかせたりすることです。これらの活動を丁寧に行うことで，難しく感じるはずの目玉型の面積も，わかる喜びを感じながら解決することができ，さらには複雑そうな図2の面積も求めてみたいという意欲を引き出すことができます。

2 問題

「広い方が勝ちゲーム」をしましょう。正方形の1辺は10cmです。

1回戦　　　　　　2回戦　　　　　　3回戦

  　 　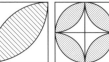

3 授業のねらい

子どもが困難を覚えやすい目玉型の面積の問題に，解決に必要な考え方（ヒント）を含むゲームを通して取り組ませることで，わかる喜びを感じさせながら解くことができるようにする。

4 授業展開

❶ 1回戦，2回戦を行う

まず，1回戦と2回戦を行います。

チームの代表の子どもに封筒を選んでもらいます。勝ち負けの判断は，見た目だけで行うのではなく，重ねたり面積の公式を使ったりしながら筋道立てて説明させるようにします。

問題提示のしかけ
図形カードは封筒の中に入れ，代表の子どもに選ばせることで期待感を高める。

T では1回戦です。選んだカードを見せてもらいます。
C やった！　正方形の方が広いから勝ちだ。
T 本当に正方形の方が広いと言える？　ペアの友だちと説明し合いましょう。

板書のしかけ
右の円（灰色）の部分は，はがして左の正方形と重ねることができるようにしておき，面積を求めた後，広さの違いがどこを示しているか黒板上で明確にする。

C 円は正方形の中にすっぽり入っているから正方形の方が広いよ。
C 正方形は $10 \times 10 = 100$。だから $100 \ cm^2$ です。
　円は $5 \times 5 \times 3.14 = 78.5$ で，$78.5 \ cm^2$。だから正方形の方が広い。
C （正方形に円を重ねて） $100 - 78.5 = 21.5$。だから，はみ出てるところの広さが $21.5 \ cm^2$ だ。
T 次は2回戦。選んだカードを見ますよ。

C おうぎ形の勝ち！ 面積も分かるよ！
T さっきと同じようにペアの友だちに説明してみましょう。
C 直角三角形は $10 \times 10 \div 2 = 50$ で，$50\ cm^2$。
おうぎ形は $10 \times 10 \times 3.14 \div 4 = 78.5$ で，$78.5\ cm^2$。だからおうぎ形が広い。
T おうぎ形の式の÷4ってどういうこと？
C 半径が $10\ cm$ の円の $\frac{1}{4}$ だから。
C 重ねたらおうぎ形がはみ出る。はみ出た部分は $78.5 - 50 = 28.5$ で，$28.5\ cm^2$。

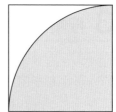
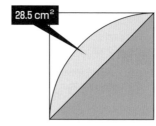

❷3回戦を行い，中心問題を解決するための見通しをもつ

　3回戦で中心問題（目玉型の面積）と出会います。多くの子どもたちが解決の見通しをもつことに難しさを感じるため，1，2回戦を振り返ったり，気づいた子どもにヒントを出させたりしながら解決の見通しをもたせます。

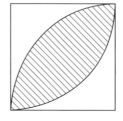
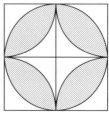

T いよいよ3回戦。どっちが広いかな？
C どっちだろう…。重ねてもわからない…。面積はどうやって求めたらいいのかな？
T まずは，左の図形の求め方を考えよう。1，2回戦と似ているところはないかな？
C あっ，2回戦と似てるところがある。何だかできそう！

話し合いのしかけ

見通しがもてない子どもは黒板前に集め，何に困っているか話し合わせる。

はじめは教師も入って問題を整理

見通しがもてた時点で子ども中心に

❸目玉型の面積の求め方を説明する

　ワークシートに図や式や言葉を使って自分の考えを書きます。解決のスピードには個人差があるため，早く解決できた子どもは教室の後方のスペースでグループをつくり，説明活動をさせるようにします。

教室後方で説明活動

T　（ほぼ全員ができたことを確認のうえ）自分の考えが書けましたか？

C　２回戦の考えを使いました。28.5 cm² が２つ分だから，28.5 × 2 ＝ 57 で，57 cm² になります。

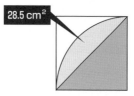

C　いらないところは 10 × 10 − 78.5 ＝ 21.5 です。いらないところは２つあるから 100 − 21.5 × 2 ＝ 57 で，57 cm² になります。

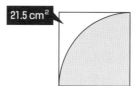

❹学んだことをさらに活用する

　目玉型の面積を既習事項を基に解決できた経験を，図２の図形の求積に活用することで，算数のおもしろさに気づかせ，さらに算数に対する自信につなげていきます。

T　学んだことを使ってよく求められたね。では，最後に右の図形（図２）にチャレンジしてみましょう。
C　なんだか難しそう…。
C　あれ，この図形，さっきの図形の組み合わせになってるよ。
C　確かに，小さい目玉が４つになってる。できそう！

図２

（阿部　一貴）

6年／図形の拡大と縮小
国旗掲揚台の柱と楼門の高さを比べよう！

1 授業の概要

　本時は，「図形の拡大と縮小」の単元末に行う「縮図の利用」の学習です。子どもにとって身近な運動場の国旗掲揚台の柱の高さと，町にある国の指定重要文化財である楼門の高さを比べる活動を中心に展開します。楼門の高さを求める場面では，グループ学習を取り入れます。

　授業のポイントは，「楼門からの距離」と「見上げた角度」を3つの地点で測定し，結果をわざと違う組み合わせで提示することです。子どもたちはおかしさを知りつつも1つを選んで作図を始めますが，作図の結果によって生じる違和感をグループで解消させていきます。授業のはじめの段階では，根拠の乏しい発言が多かった子どもたちも，より深まりのある話し合いができるようになります。

2 問題

　校庭の国旗掲揚台の柱の高さと，楼門の高さを比べます。
①校庭の国旗掲揚台の柱の高さを，縮図を使って求めましょう。
②楼門の高さを，下の情報を基に縮図を使って求めましょう。

距離	3m	9m	11m
見上げた角度	30°	35°	65°

3 授業のねらい

身近なものの高さ比べをする中で，作図の結果によって生じたズレについて話し合い，根拠をもって説明できるようにする。

4 授業展開

❶どちらが高いか予想する

楼門も柱も学級全員が見たことのあるものです。そこで，2つの対象物の高さを自分なりの感覚で予想させます。また，どちらも直接測ることができないことも押さえる必要があります。

T 国旗掲揚台の柱と楼門では，どちらが高いと思いますか？
C 写真では，柱の方が高そう。
C でも，別の写真だからわからない。
C 測ってみないとわからない。
C 縮図を使えばわかるかも。

問題提示のしかけ

まず，同じ写真の中に並んでいる3本の柱の高さを比べさせ，次に，並べて比べることのできない柱と楼門の高さを比べさせる。そうすることで，子どもたちに戸惑いを起こし，調べたいという意欲を引き出す。2枚の写真は柱の方が高く見えるように提示し，「柱の方が遥かに高いよね」などと揺さぶりをかける。

❷柱の高さを求める

柱の高さを縮図を使って求めます。

底辺を何 cm にすればよいかや，どのような直角三角形をかけばよいかなど，全体で話し合いながら進めます。

第2章　学び合い授業の実践事例30　123

C 直角三角形が見えた！
T どんな直角三角形をノートにかけばよいですか？
C そのままの大きさでは，ノートに入らない。
C $\frac{1}{100}$にして，5mを5cmとすればいいよ。
C できた直角三角形の高さの部分が6cmになったから，柱の高さは6mってことだ。

❸楼門の高さを求める

柱の高さを求める方法を活用して，楼門の高さを求めさせます。

しかし，ここではまったく同じ方法をとるのではなく，楼門からの距離3m，9m，11mの3地点で見上げる角度を示し，しかもその組み合わせをランダムにします。子どもたちはどの組み合わせが正しいのかを吟味しながら高さを探っていくことになります。

問題提示のしかけ	
見上げた角度を，楼門からの距離3m，9m，11mの3つの地点で示す。ただし，距離と角度をわざと違う組み合わせで提示する。	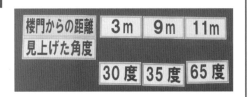

T 次は，楼門の高さを求めよう。
C 柱のときと同じようにすれば，求められるね。
T 今回は，3か所から楼門を見上げました。でもね…，楼門からの距離と見上げた角度の組み合わせがわからなくなっちゃったんだ…。
C じゃあ，ぼくは3mと30°を組み合わせてみる。
C 私は，9mと35°にしよう。
C あれ，おかしいな…。
C 高さがバラバラになっちゃった。

話し合いのしかけ

作図した結果，それぞれの距離で高さがバラバラになってしまうことに気づかせ，どの組み合わせが正しいのか4人グループで話し合わせる。思考のズレや矛盾に気づかせることによって，その後の学習が深まっていく。

C 3mと30°で直角三角形をかいたら，高さが低すぎる気がする…。

- C 11mと65°を組み合わせたら、ノートに入らなくなったよ！
- C 9mと35°だったら合ってると思う。
- C 3mのときは、65°なんじゃないかな…。

指名・発表のしかけ

ノートに作図した三角形を実物投影機で映し、ズレがひと目でわかるようにする。

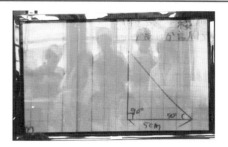

- C ということは、3mのとき65°、9mのとき35°、11mのとき30°でいいのかな。
- C どうして？
- C だって、離れていくと角度は低くなるんじゃないかな。例えば、この定規が楼門で、ペンが人だとすると、離れれば離れるほど見上げる角度は小さくなるでしょ？
- C そうか！　距離が遠くなるにつれて、角度が小さくなるんだ。
- C この扇風機だったら、これぐらい近くで見上げたらこんなに角度が大きくなるけど、離れていくと目線がなだらかになるから、あんまり見上げなくていいでしょ。だから、やっぱり距離が離れると角度は小さくなるんだよ。
- C どの距離でも高さの部分は6.5cmだ。$\frac{1}{100}$だから実際には6.5m。柱より楼門の方が高いってことだね！

5 授業の最終板書

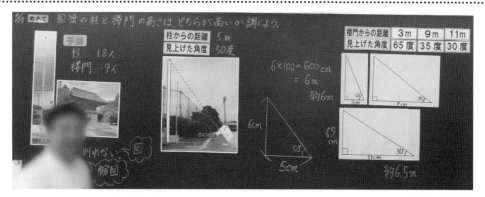

（浦山千加代）

6年／場合を順序よく整理して
橋の渡り方は何通り？

ペア学習	グループ学習	学級全体での練り上げ

1 授業の概要

3つの島の間に6本の橋をかけるとき，渡り方は何通りあるかを問います。子どもたちは，まず橋のかけ方を考え，その後に何通りの渡り方があるのかを考えることになります。

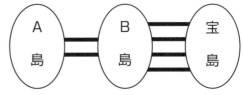

授業のポイントは，まず橋のかけ方を1通りだけ考えさせ，自分の考えた橋のかけ方の場合，何通りの渡り方があるのか考えさせることです。すると子どもたちが考えた渡り方の数にズレが生じ，橋のかけ方によって渡り方の数が異なるということに気づかせることができます。

さらに，島の数だけ4つに増やし，渡り方が最も多い場合で何通りあるのかを問います。渡り方の最も多い場合を調べるためには，橋のかけ方をすべて考えなければなりません。落ちや重なりがないように，整理しながら橋のかけ方を考えさせていきます。

2 問題

> 3つの島に橋をかけて，宝を探しに行きます。
> 6本の橋をかけるとすると，宝島まで何通りの渡り方があるでしょう。
>
>

3 授業のねらい

子どもたちに与えられた条件を自ら操作させることを通して、問題に働きかける態度を育てる。

4 授業展開

❶橋のかけ方を1通りだけ考える

授業の導入では、3つの島に3本の橋をかける場合について全員で考え、「橋のかけ方」「橋の渡り方」の意味をしっかり押さえるところから始めます。

問題の意味を把握できたところで、3つの島に6本の橋をかける場合について考えさせます。全員に橋のかけ方を1通りだけ考えさせ、そのときの渡り方を数えさせます。

T 宝島まで何通りの渡り方がありましたか？
C 私は9通りです。
C ぼくは8通り。
C 5通りです。
T あれっ、どうしてみんなの答えがバラバラになったのかな？
C 橋のかけ方が違えば、渡り方の数も変わります。
T 渡り方は5、8、9通り以外にはもうないのかな？　考えられる橋のかけ方をすべて発表してください。

指名・発表のしかけ
全5種類の橋のかけ方を図にかき込み、黒板に貼らせる。

❷「橋の数×橋の数＝渡り方の数」に気づく

橋のかけ方を示した図と渡り方の数を整理して黒板に示すと、「橋の数×橋の数＝渡り方の数」になるというきまりに気づく子どもが出てきます。ただ、全員が気づいているわけではないので、黒板を使って子どもたちに説明させます。

T 渡り方が8通りあることをぱっと求めた人がいたけど、どのように考えたの？
C 2×4で8通り。

C 橋の数同士をかければ，渡り方の数が出てくる。
T どうして「橋の数×橋の数」で渡り方の数になるのかな？
C （A島とB島に2本，B島と宝島に4本の橋をかけた場合を例にして）
　A島〜B島の橋で上の方の橋を通るとすると，B島〜宝島は4通りの渡り方があります。下の方の橋を通っても，B島〜宝島は同じように4通り。だから4×2で8通りの渡り方があります。

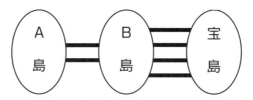

板書のしかけ

　橋のかけ方を示した図（貼付シート）と渡り方の数を整理して提示することで，「橋の数×橋の数＝渡り方の数」に気づかせる。

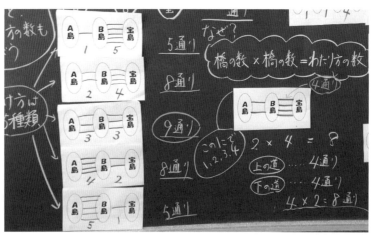

橋のかけ方と渡り方の数を整理して板書します

❸島が4つの場合について考える

　問題の条件を少し変えると，答えはどのように変わっていくでしょうか。授業の後半では，橋は6本のままで，島の数を4つに増やしたとき，渡り方が最も多い場合で何通りあるかを考えさせます。
　まずは橋のかけ方から調べます。橋のかけ方は全部で10種類ありますが，整理しながら調べていかないと，落ちや重なりが出てきます。

T 島が3つのとき，渡り方は最も多い場合で9通りありました。では，島が4つになると最も多い渡り方は9通りよりも増えるかな？ それとも減るかな？

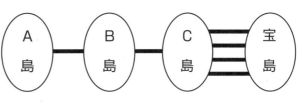

C （「増える」「減る」「変わらない」のいずれかを予想して挙手する）
T では，渡り方を調べるために，まずは橋のかけ方から考えてみましょう。全部で何種類あるのかな？ 考えた橋のかけ方を発表してください。
C 順番に調べていくとわかりやすい。

板書のしかけ

子どもたちが考えた橋のかけ方を黒板にランダムに貼っていく。その後，橋のかけ方に落ちや重なりがないか調べるために，子どもたちに小黒板（ホワイトボード）で整理して並べかえさせる。

シートを整理して並べさせます

5 授業の最終板書

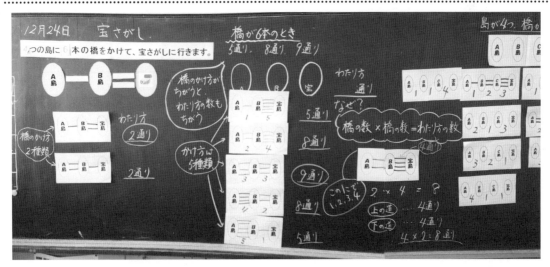

（原田　学）

6年／トピック教材
どんな条件があれば答えが求められる？

ペア学習	グループ学習	学級全体での練り上げ

1 授業の概要

　この実践は，同じものと違うものに目をつけ，相殺の考え方を使うよさを感じさせる特設単元です。与えられた不十分な条件を基に，新たな条件を導き出す活動の中で，文字の使い方を深く理解させ，使える知識にしていきます。

　ここで扱う問題は，リンゴ，バナナ，モモの3種類の果物の値段を求めるために，3つの条件を設定しました（条件右側の式は，リンゴの値段を x 円，バナナを y 円，モモを z 円としたときのものです。文字と式のまとめの学習としても位置づけられます）。

条件①　リンゴとバナナを買うと，280円　　$(x + y = 280)$
条件②　バナナとモモを買うと，200円　　$(y + z = 200)$
条件③　モモとリンゴを買うと，240円　　$(z + x = 240)$

　最初は，「リンゴとバナナを買うと280円」「バナナとモモを買うと200円」という2つの条件だけ提示します。すると子どもたちは，「値段がわかった！」と早合点してしまいがちです。実際，リンゴを150円と決めてしまうと，バナナが130円，モモが70円になり，一見筋が通っているように見えます。ただ，この答えは一意に決まらないという大きな問題があります。他にどんな条件が必要なのかが，子どもたちにとって考えなければならない問題点になります。

　さらに，最後の条件「モモとリンゴを買うと240円」を提示しますが，どの条件も2つの値段の和しかわかりません。ここからそれぞれの値段を求めるには，条件の同じところと違うところに着目しなくてはいけません。

　それぞれの関係を表した式や図，表を媒介に友だちとかかわり合いながら，子どもたちは三元一次方程式の基礎的な考え方である「相殺の考え方」をとらえていきます。

2 問題

リンゴ，バナナ，モモがそれぞれ1個ずつあります。
①リンゴとバナナを買うと，280円
②バナナとモモを買うと，200円
③モモとリンゴを買うと，240円
　リンゴ，バナナ，モモ1個の値段は，それぞれいくらでしょう。

3 授業のねらい

数直線や図で同じところと違うところを明らかにしつつ，相殺の考え方を用いて3つの条件で3つのものの値段を求めさせる。

4 授業展開

❶2つの条件で3つの値段を求められるか考える

リンゴやバナナ，モモは子どもたちにとって身近な果物です。それぞれの値段を予想する時間を設けると，題意がつかみやすくなります。

C　リンゴは150円ぐらいじゃないかな。バナナとモモは…。
T　3つの確実な値段が知りたいんだけど，言える人はいないかな？
C　確実な値段はわかりません。何かわかることがあるといいけど…。
T　2つ合わせた値段ならあります。リンゴとバナナで280円。バナナとモモで200円。

問題提示のしかけ

あえて2つの条件だけで3つの値段が求められるかどうか考えさせる。

C　わかった！　リンゴが100円で，バナナが180円。とすると，モモは20円？
C　確かに条件には合ってるけど，なんか違うような気がする…。

❷3つめの条件が必要なことをつかむ
C　確かに，リンゴが100円だったらそうなる。でも，モモが90円だとすると，
　　②より　200－90＝110　バナナ110円
　　①より　280－110＝170　リンゴ170円
　　まったく違う値段だけど，これはこれで成り立ってるよ…。
C　モモを100円にしても，同じように成り立つ答えになる。おかしいな…。
C　どれが本当の答えかわからない。
C　これは，答えがたくさんある問題なのかな…？
C　「モモが100円」とか1つでもわかったら，全部わかるんだけどなあ…。
T　何か1つの値段がわかれば，全部の値段がわかるということ？
C　3つの果物の合計金額がわかっても，全部の値段を求めることができると思う。
T　つまり，あと1つ条件がわかれば，それぞれの値段を求められるんだね。

❸どんな条件ならば3つの値段が求められるのか話し合う
　ここで問題を整理し，3つめの条件がどんなものであるか話し合います。子どもたちは，前述のように最後の条件について見通しをもっています。ここで，ノートに自分なりの条件をまとめる時間を設定します。友だちのノートを見て回ってよいことにすると，自分と違う条件がどのような考えで生まれてきているのか比較しながら考えられるとともに見通しがもてていない子どもの支援にもなります。

> **話し合いのしかけ**
>
> 考えをまとめたノートを，互いに見合う時間を設定する。その際，自分と同じ考えや違う考え，感心した考えなどを見つけるように声をかける。

　実際の授業で子どもたちから出された条件は大きく以下の3パターンでした。
㋐何か1つの値段がわかればよい。　　㋑3つの合計の値段がわかればよい。
㋒モモとリンゴを合わせた値段がわかればよい。

❹「モモとリンゴを買うと，240円」という条件で話し合う
　最後に，㋒の条件で求める方法を考えてみます。実際の授業では，㋐，㋑の条件で求め

る方法をじっくり話し合った後，㋒の条件での解決方法を話し合ったので，自ずと3つの値段の和を求める方法に流れていきました。

C 3つの値段がわかれば求めることができるでしょ。だから，3つの条件をすべて合わせて半分にすれば，3つの値段の和になるでしょ。

C 記号で書くとわかりやすい。（以下のように条件文を記号で表してみる）
| リ＋バ＝280　バ＋モ＝200　モ＋リ＝240 | ➡ | リリ＋ババ＋モモ＝720 |

C そうか，リンゴとバナナとモモが2つずつで720円になるということか。果物の合計の値段はその半分の360円だもんね。
（リンゴとバナナの関係に着目した子どもたちは，次の方法で解決する）

C 条件1と2から，リンゴはモモよりも80円だけ高いことがわかるでしょ。だから，条件3の式リ＋モ＝240から80円だけひくと，モモ2つ分が160円だとわかる。

C それで，モモは160÷2＝80で，80円だとわかるんだね。

5 授業の最終板書（上が1時間目，下が2時間目）

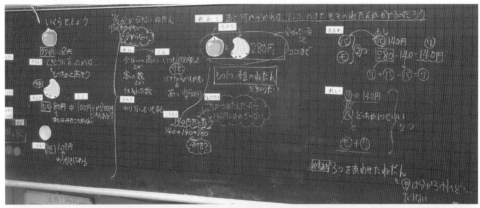

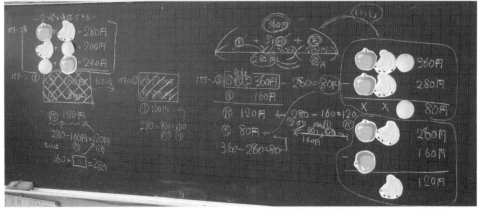

（余宮　忠義）

【執筆者一覧】

宮本　博規（前熊本市立田迎西小学校）

阿部　一貴（熊本市立高平台小学校）
浦山千加代（熊本市立力合小学校）
大林　将呉（熊本大学教育学部附属小学校）
清水　修（熊本市立白川小学校）
瀬田　浩明（熊本市立吉松小学校）
瀧澤　康介（福岡市立田隈小学校）
中村栄八郎（熊本市立白坪小学校）
林田　晋（熊本市立帯山西小学校）
原田　学（熊本市立託麻西小学校）
東　啓子（熊本市立松尾北小学校）
東　誠（熊本市立植木小学校）
東　裕治（熊本大学教育学部附属小学校）
福山　元（熊本市立川尻小学校）
藤本　邦昭（熊本市立池上小学校）
本田　貴士（熊本市立松尾北小学校）
美坂　光（熊本市立城東小学校）
余宮　忠義（熊本市立弓削小学校）

【編著者紹介】

宮本　博規（みやもと　ひろき）
1958年熊本県生まれ。
前熊本市立田迎西小学校長（初代）。
熊本大学教育学部数学科を卒業後，1982年熊本県菊池市立重味小学校に教諭として着任。その後，熊本市の公立小学校教諭，教頭，熊本市教育センター指導主事，所長補佐を歴任。
現在，全国算数授業研究会全国理事を務め，熊本県では12年間に渡り，県と市の算数教育研究会の事務局長を務める。
熊本市立壺川小学校教諭時代には，NHK教育放送「わかる算数４年生」「わかる算数５年生」NHK放送「わくわく授業～わたしの教え方～」等に出演。
主な著書に，
『スペシャリスト直伝！　算数科授業成功の極意』
『算数学び合い授業スタートブック』
『算数学び合い授業ステップアップブック』
（いずれも明治図書）

場面ごとのしかけがひと目でわかる！
算数学び合い授業パーフェクトブック

2017年３月初版第１刷刊　Ⓒ編著者	宮　本　博　規
発行者	藤　原　光　政
発行所	明治図書出版株式会社

http://www.meijitosho.co.jp
（企画）矢口郁雄（校正）大内奈々子
〒114-0023　東京都北区滝野川7-46-1
振替00160-5-151318　電話03(5907)6701
ご注文窓口　電話03(5907)6668

＊検印省略　　　　組版所　共同印刷株式会社

本書の無断コピーは，著作権・出版権にふれます。ご注意ください。

Printed in Japan　　　　　ISBN978-4-18-196012-4
もれなくクーポンがもらえる！読者アンケートはこちらから →

実務が必ずうまくいく 研究主任の心得 55の心得

研究主任の仕事術

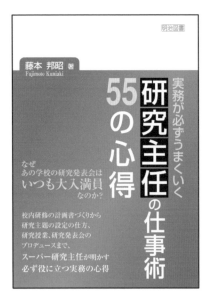

藤本 邦昭 著
Fujimoto Kuniaki

A5判／132頁
1,760円＋税
図書番号：1745

校内研修の計画書づくりから、研究授業、研究発表会のプロデュース、職員の負担感の軽減まで、研究主任業務の表も裏も知り尽くした著者が明かす、実務の勘所と必ず役に立つ仕事術。若葉マークの研究主任も、この1冊さえあればこわいものなし！

実務が必ずうまくいく 教務主任の心得 55の心得

教務主任の仕事術

佐藤 幸司 著
Sato Koji

A5判／128頁
1,800円＋税
図書番号：0150

必ず覚えておきたい法規の基礎知識から、教育課程を円滑に編成するためのステップ、知っているだけで仕事が数段楽になるＰＣ活用法まで、現役スーパー教務主任が明かす実務の勘所と必ず役に立つ仕事術。若葉マークの教務主任も、これさえあればこわいものなし！

明治図書　携帯・スマートフォンからは **明治図書ONLINE** へ　書籍の検索、注文ができます。▶▶▶

http://www.meijitosho.co.jp　＊併記4桁の図書番号（英数字）でHP、携帯での検索・注文が簡単に行えます。

〒114-0023　東京都北区滝野川7-46-1　ご注文窓口　TEL 03-5907-6668　FAX 050-3156-2790

＊価格は全て本体価格表示です。